SUMMER FLOWERS COLORING BOOK MIDNIGHT EDITION

CRYSTAL
COLORING BOOKS

ISBN-13: 978-1717390172
ISBN-10: 171739017X

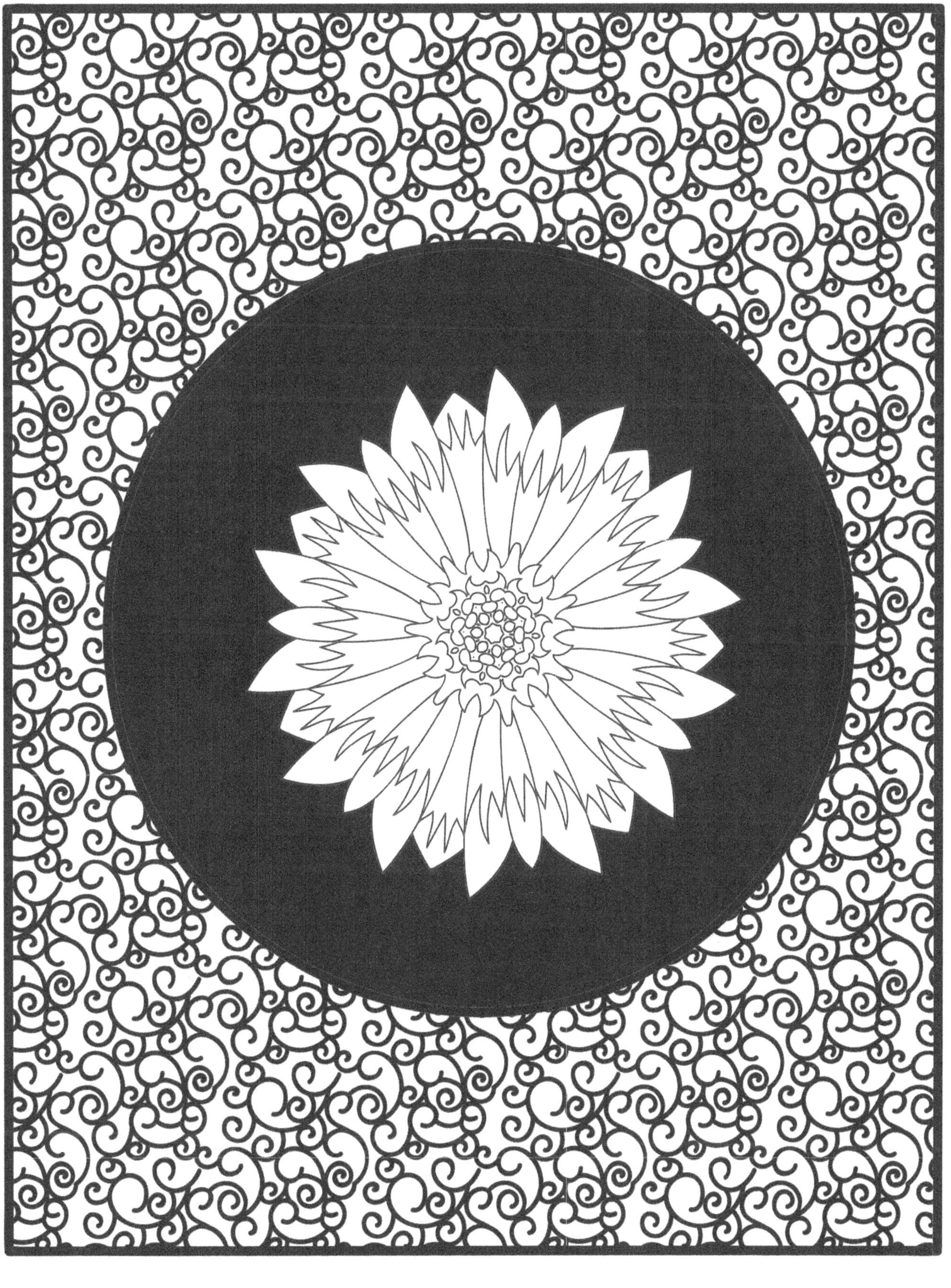

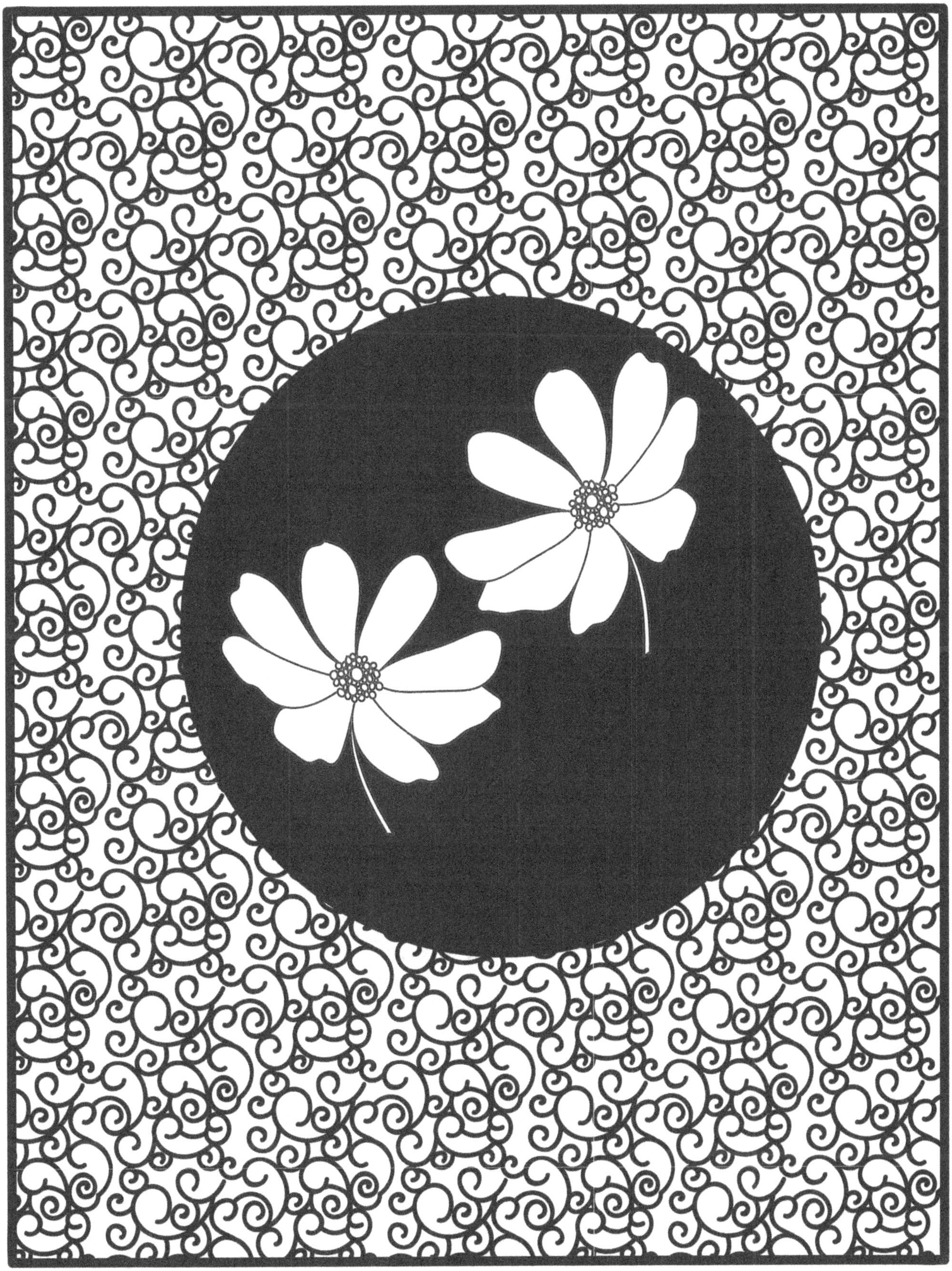

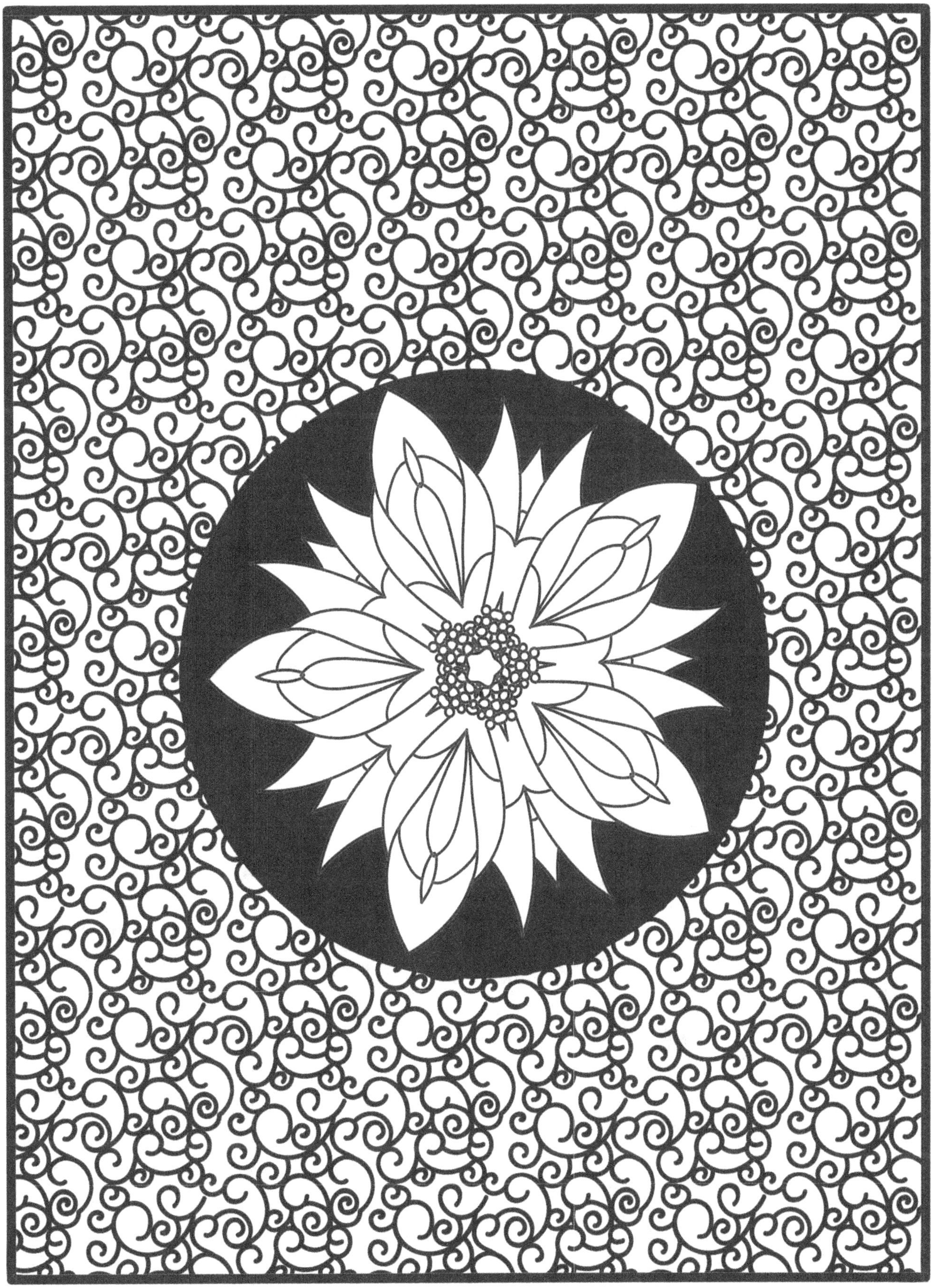

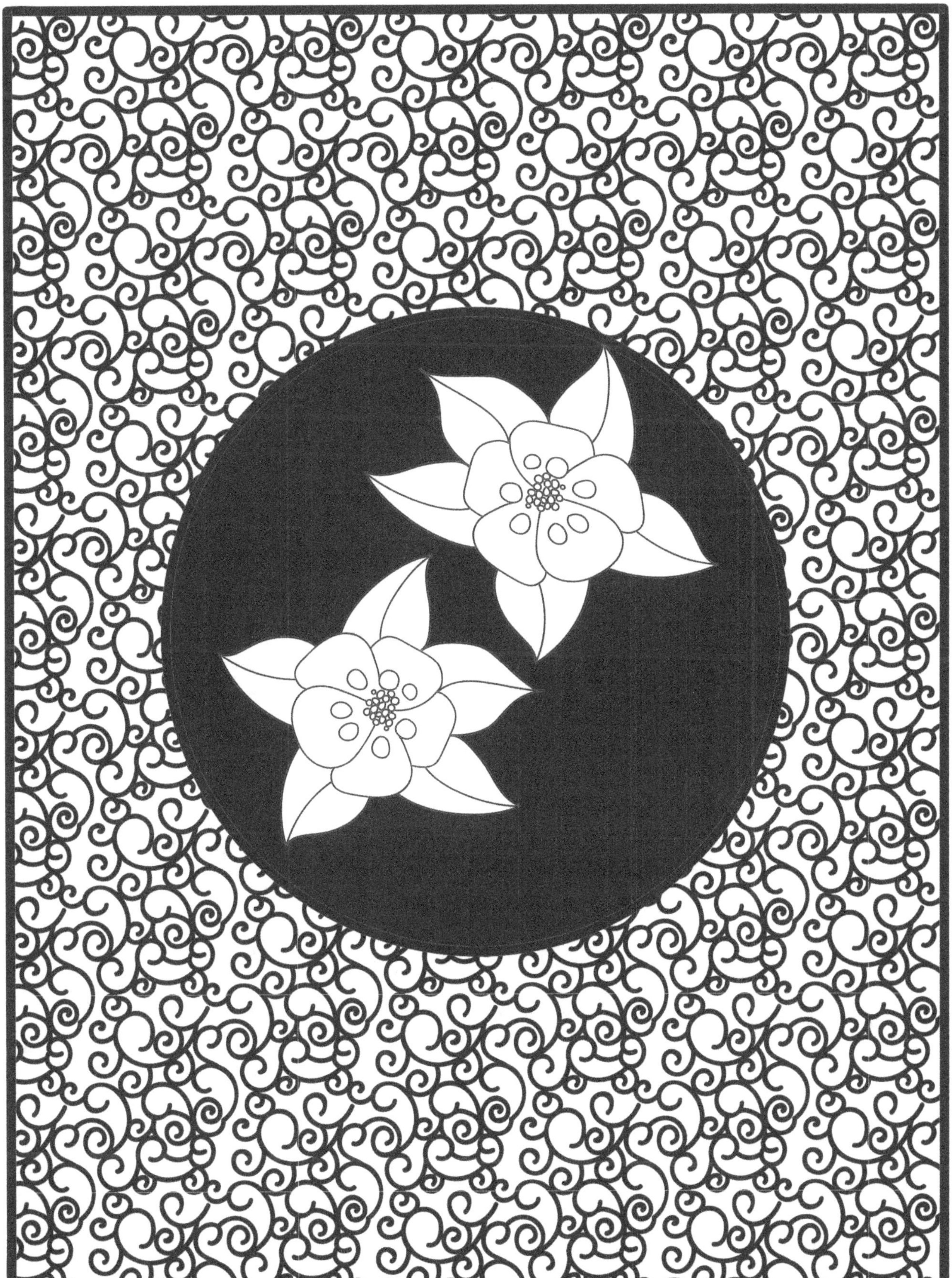

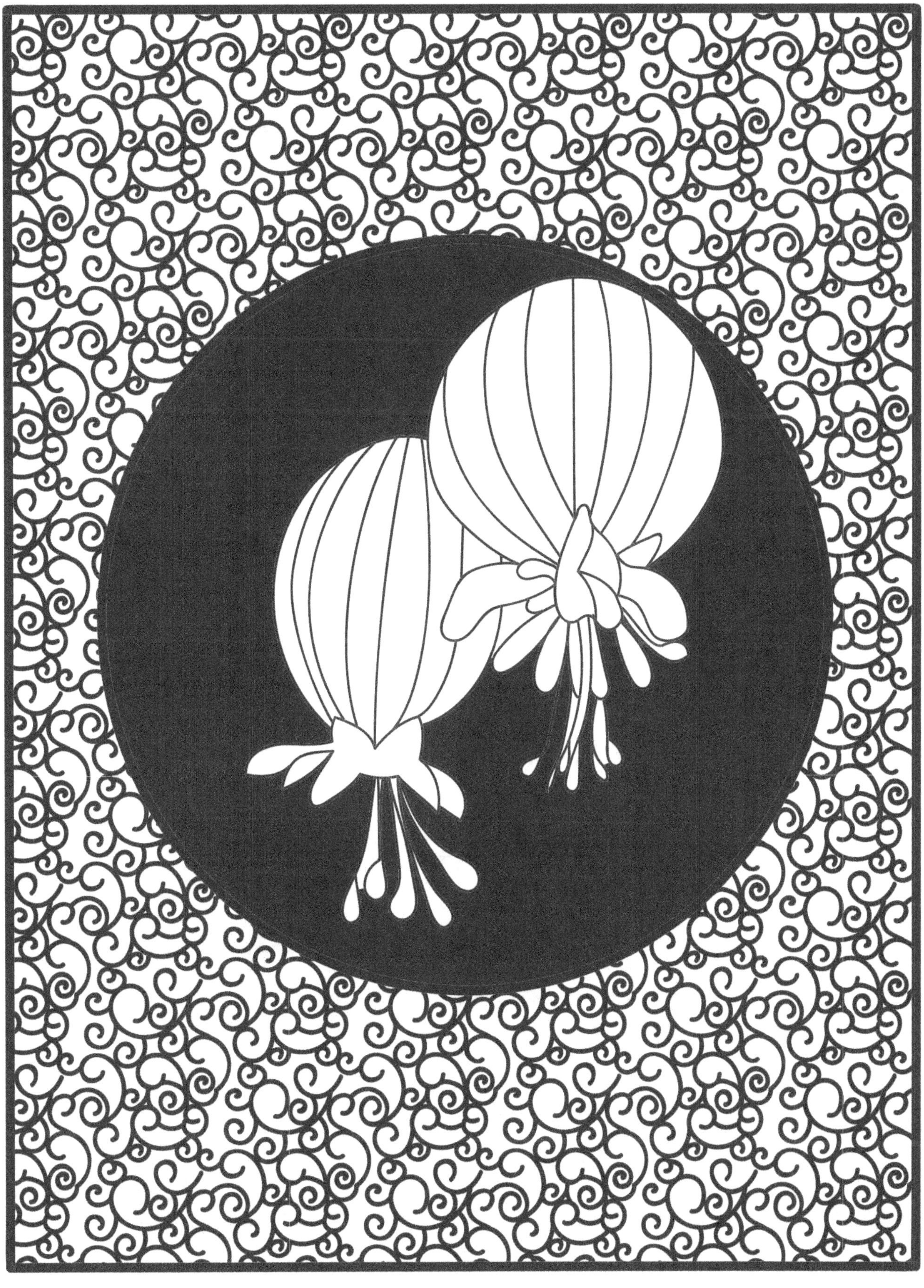

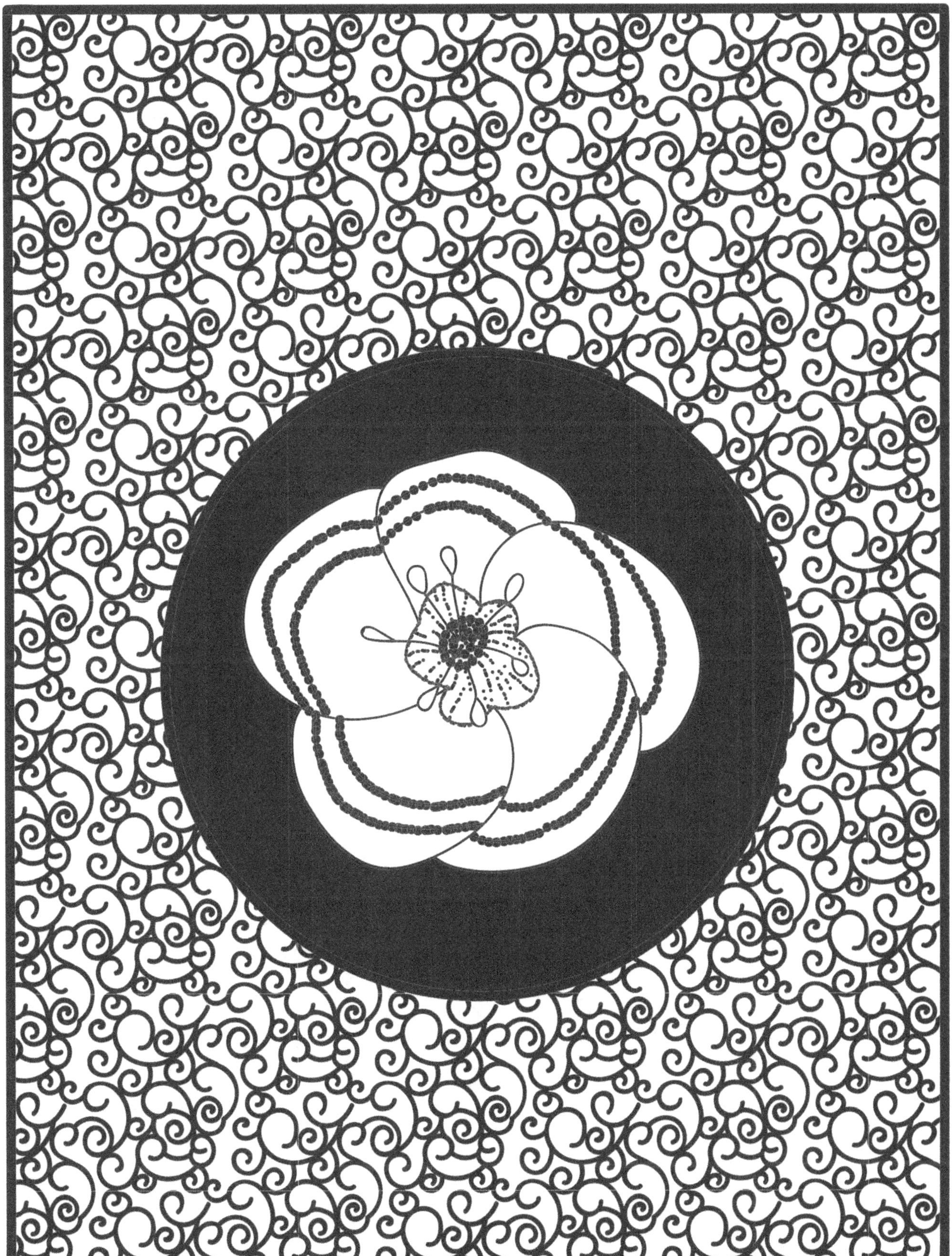

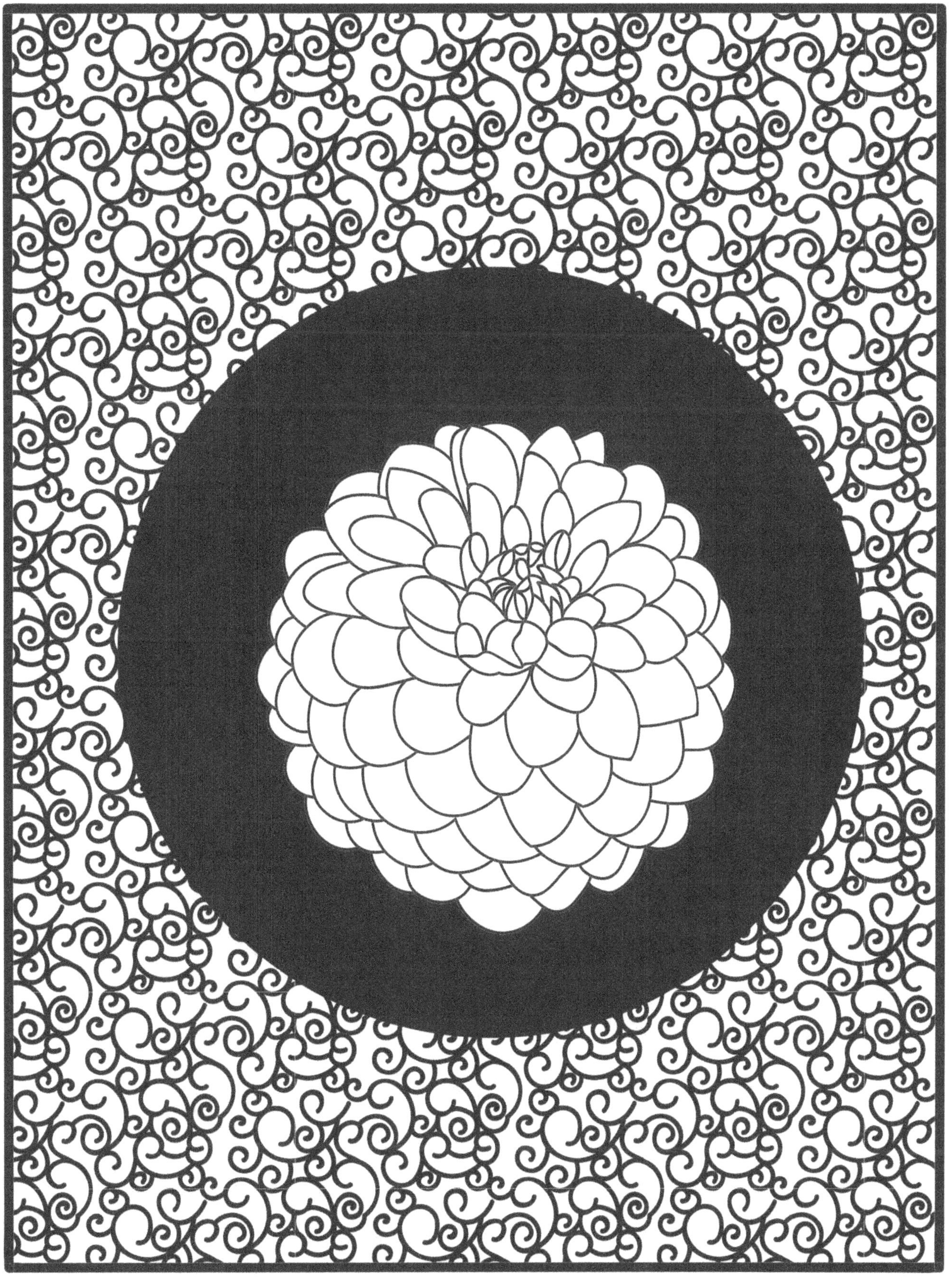

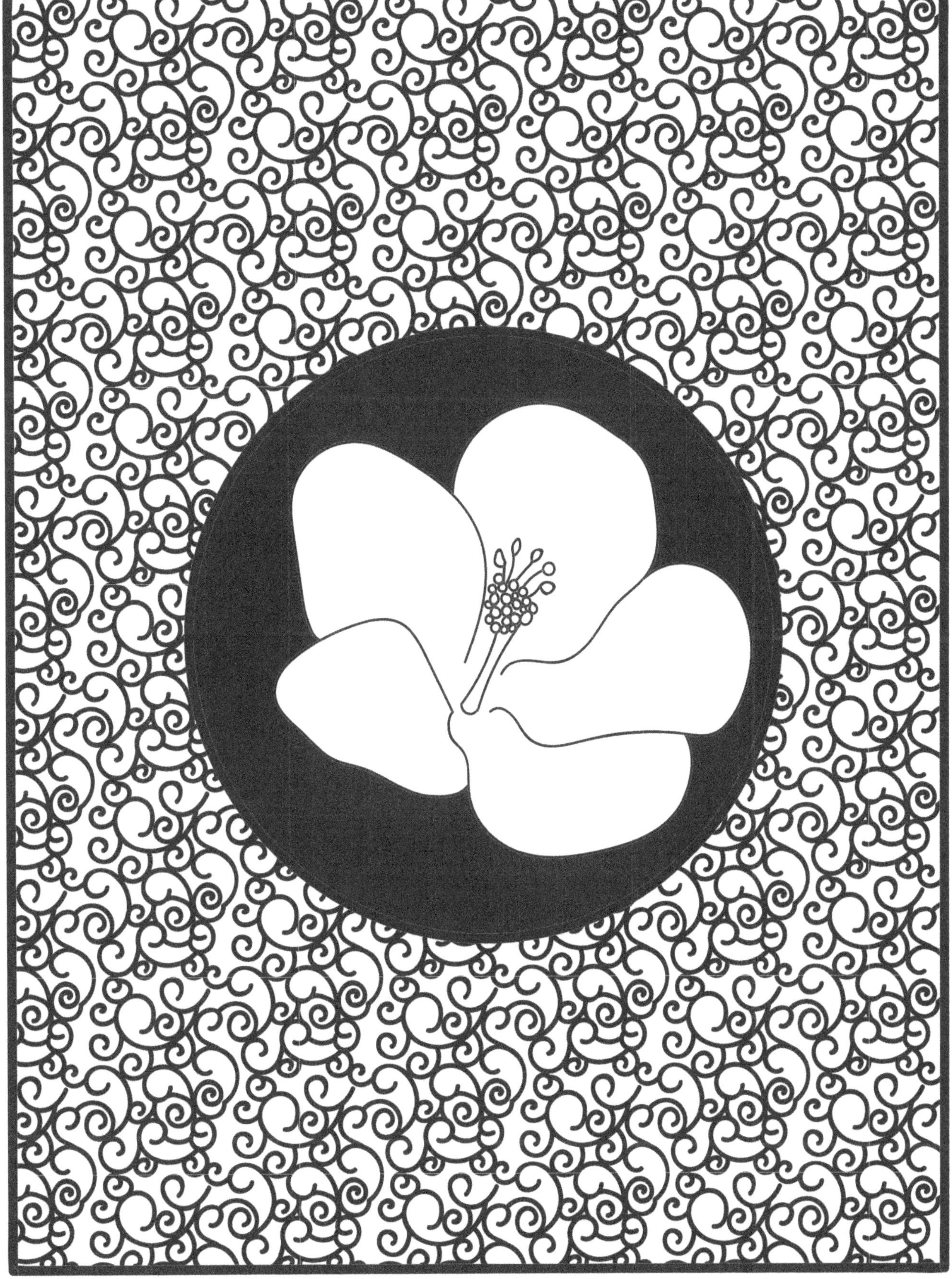

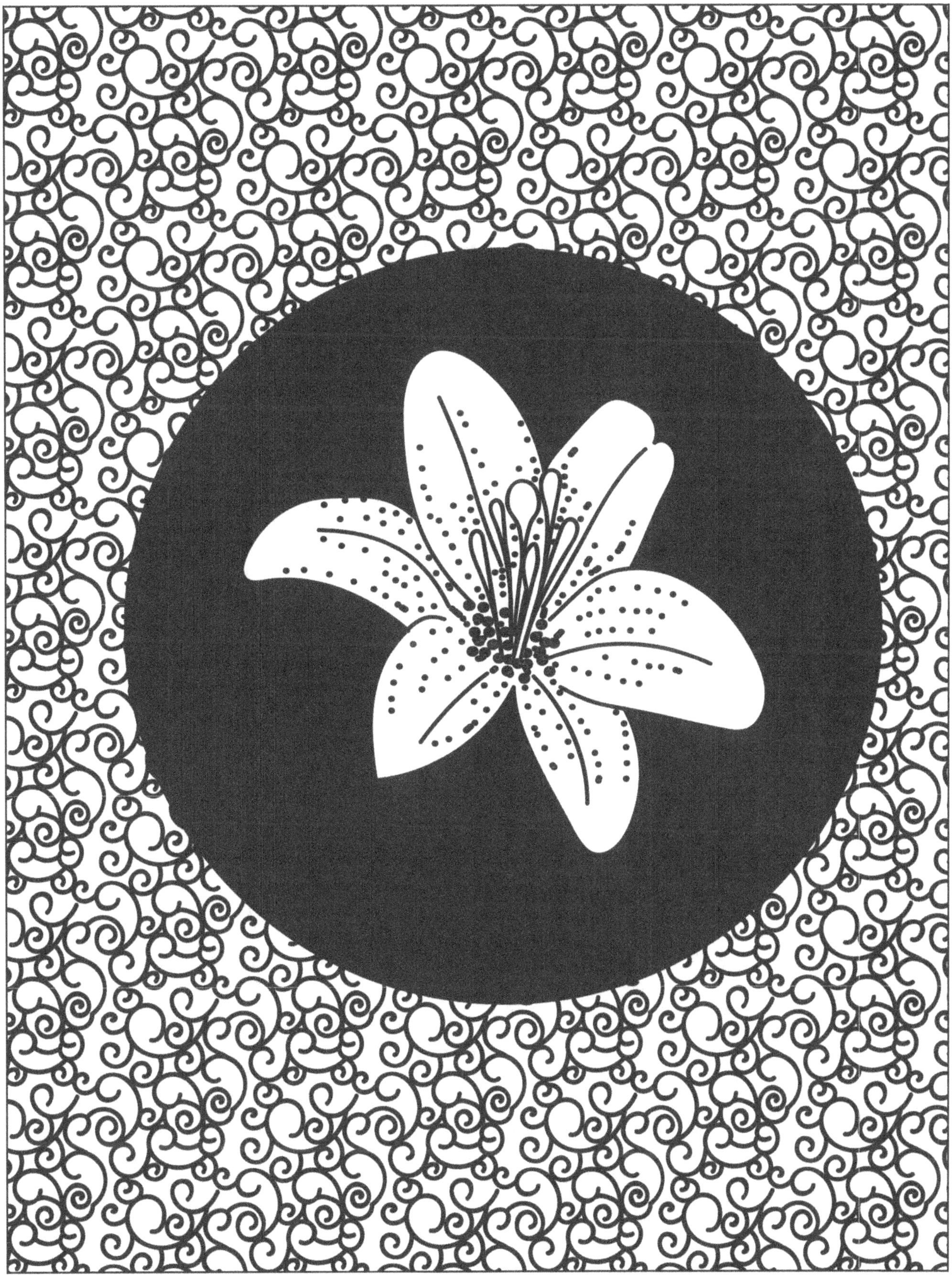

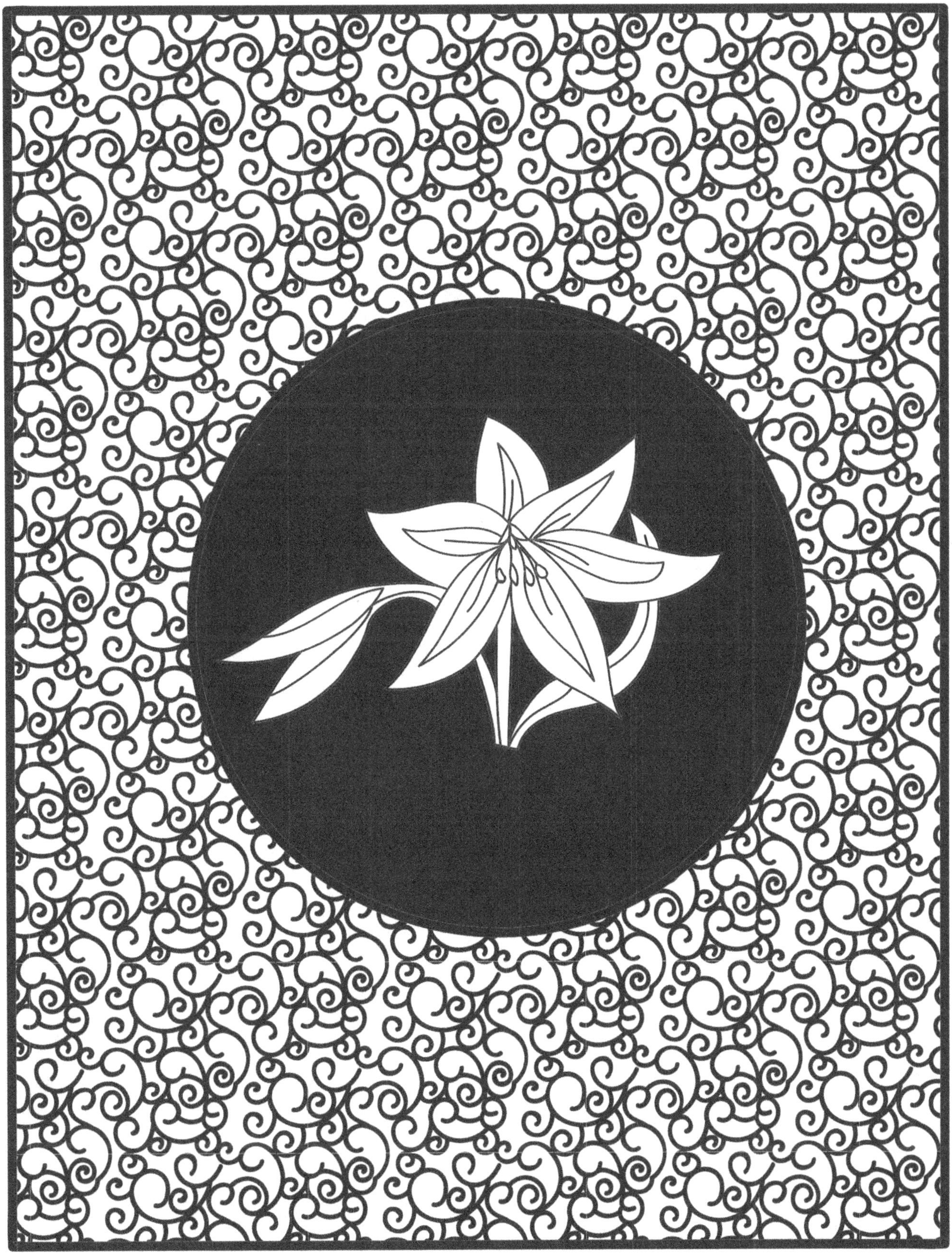

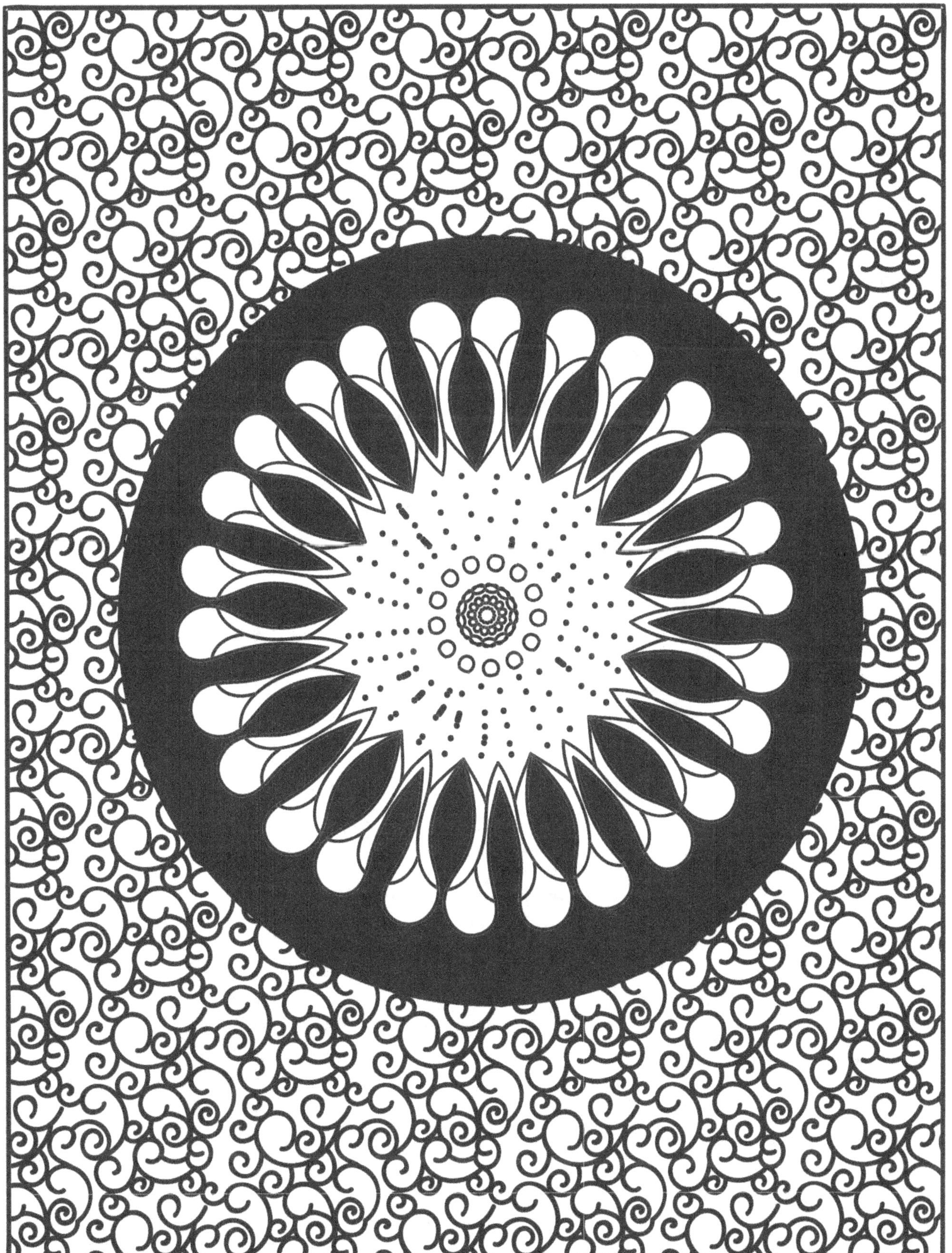

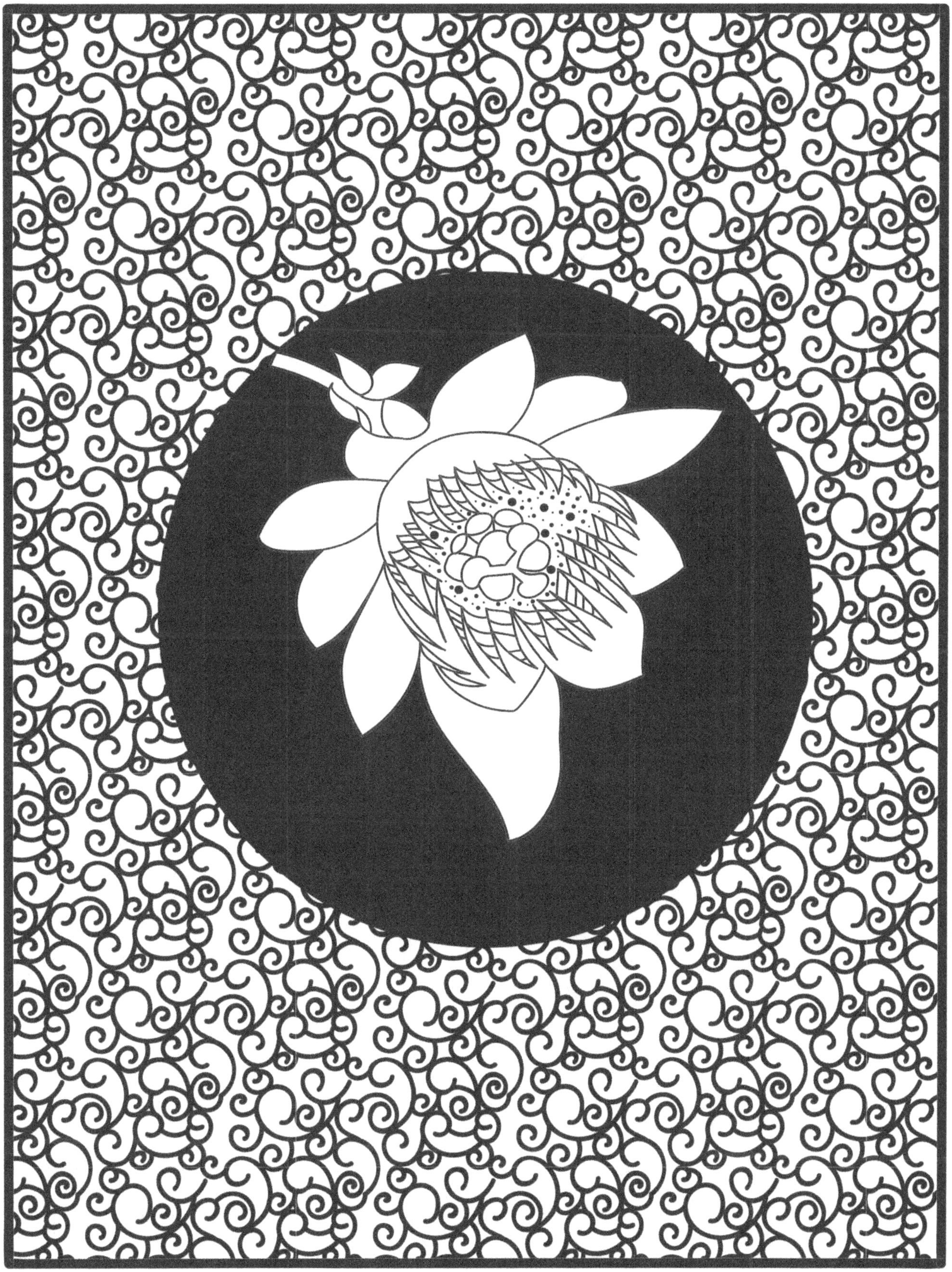

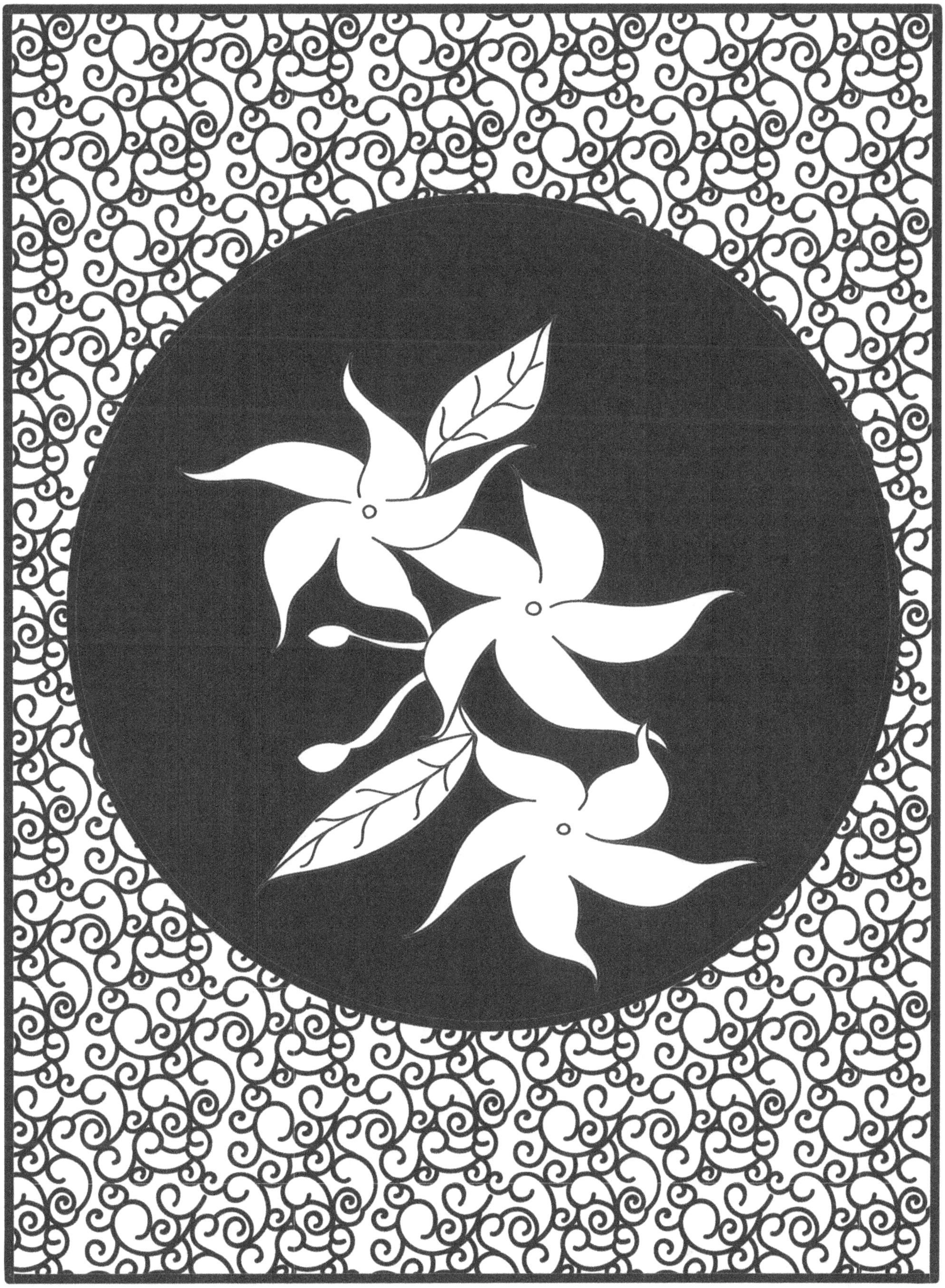

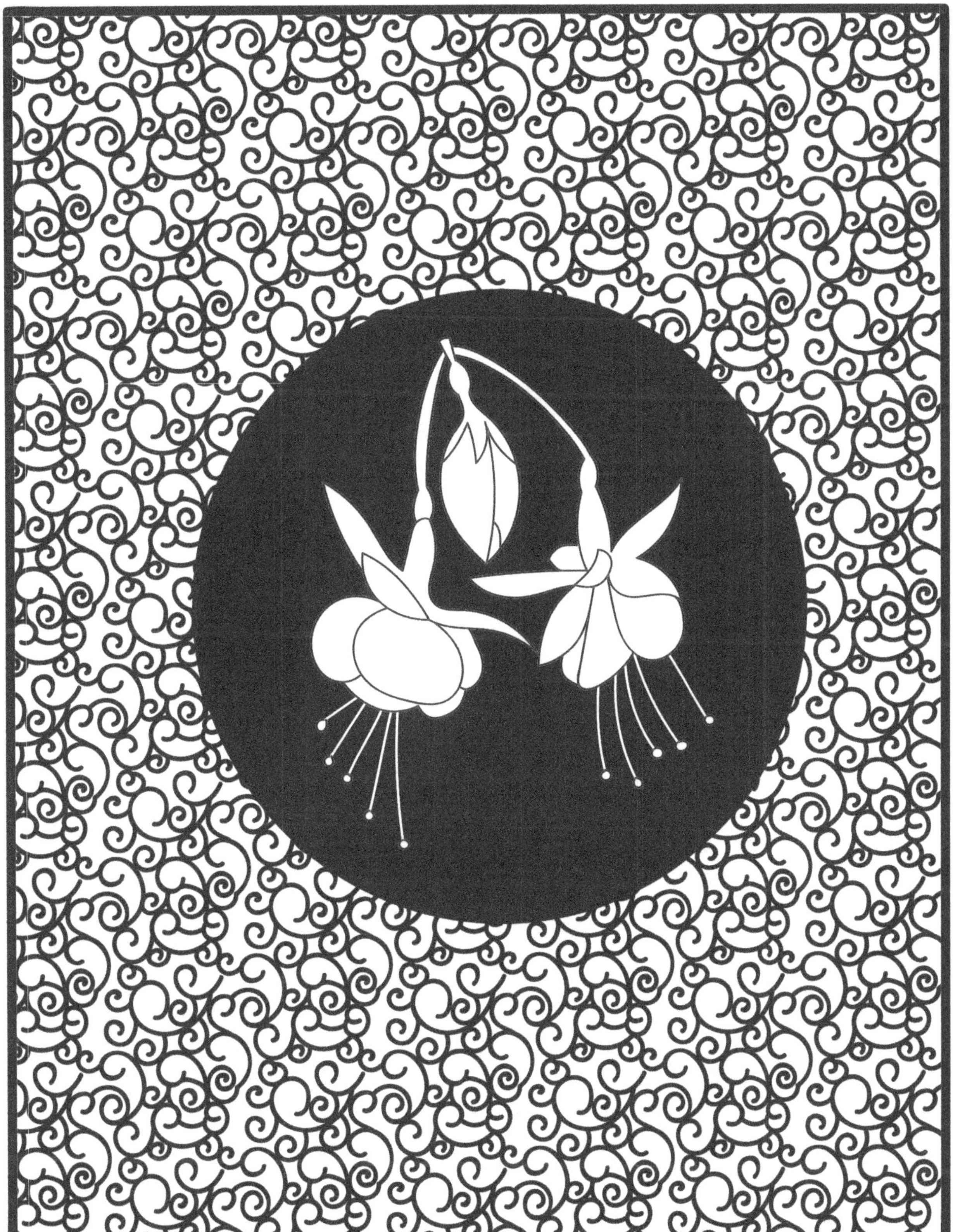

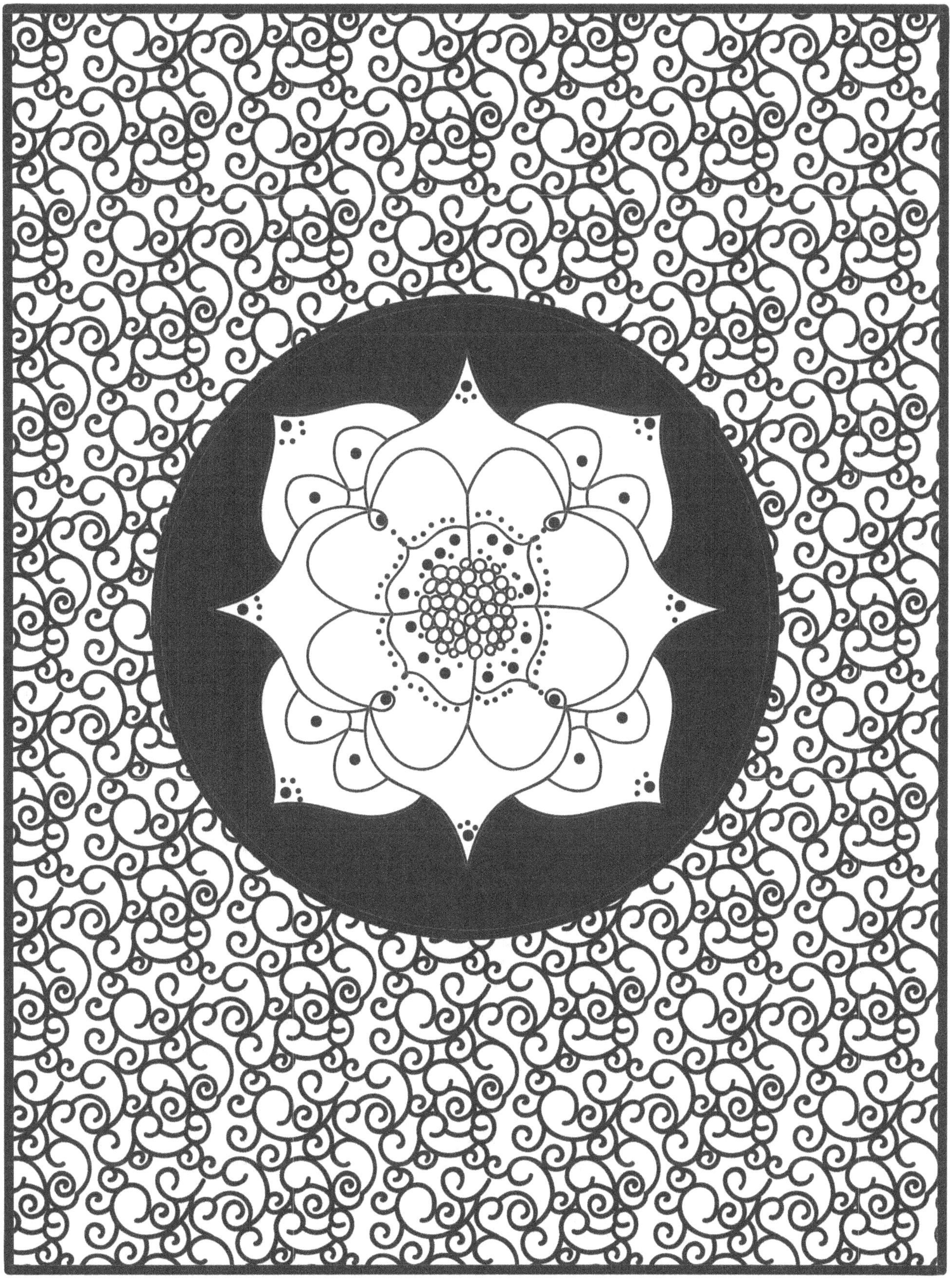

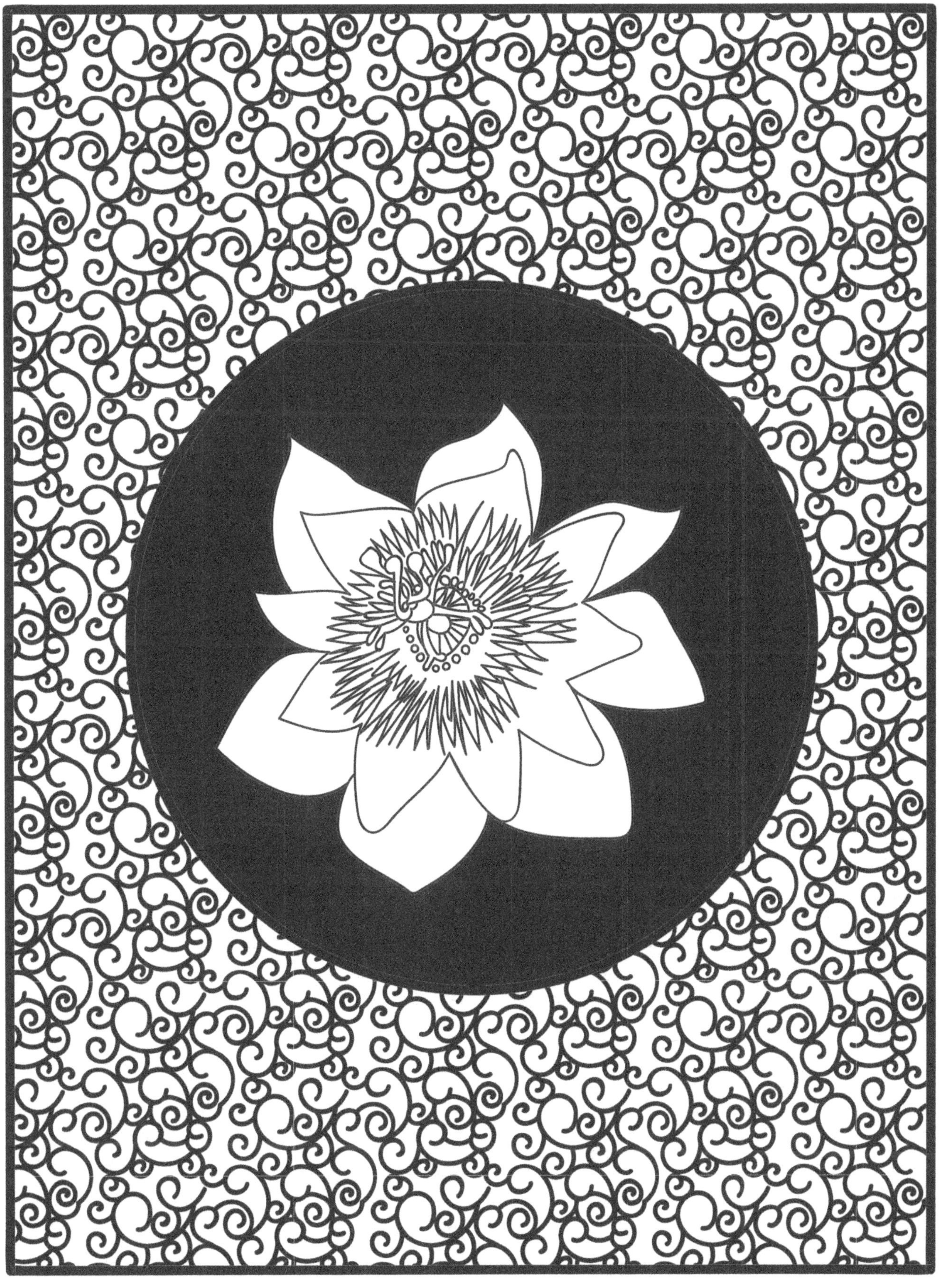

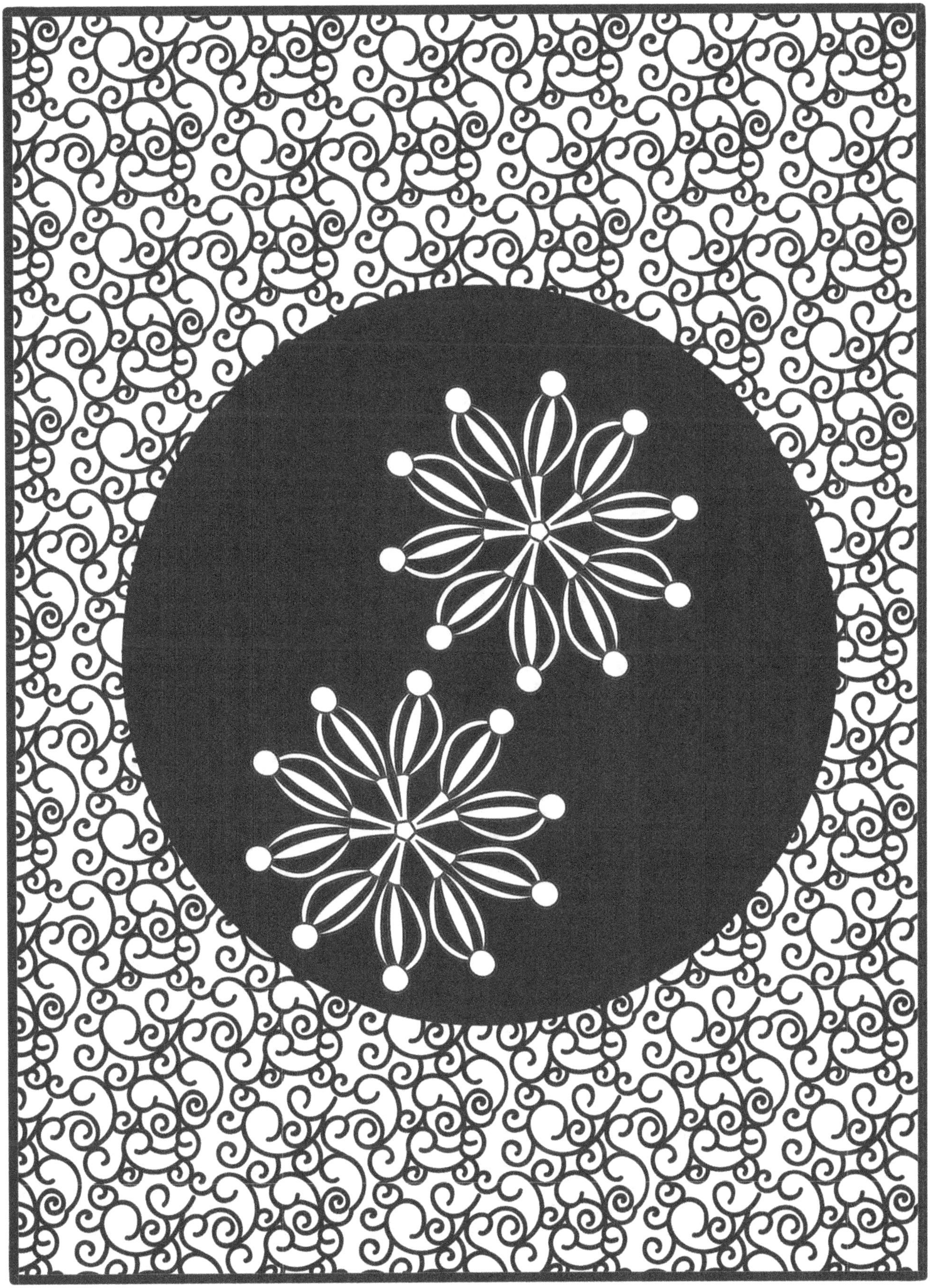

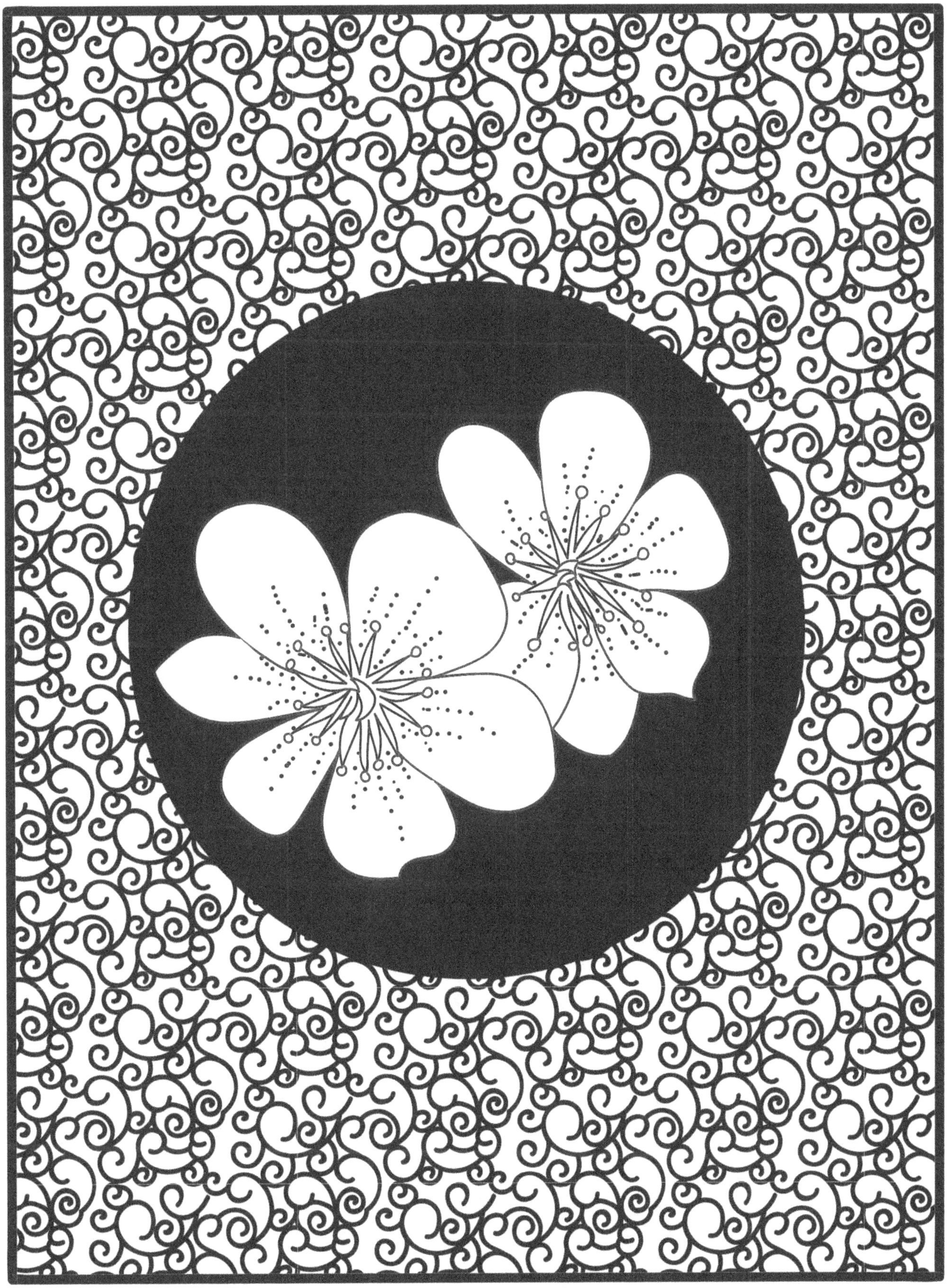

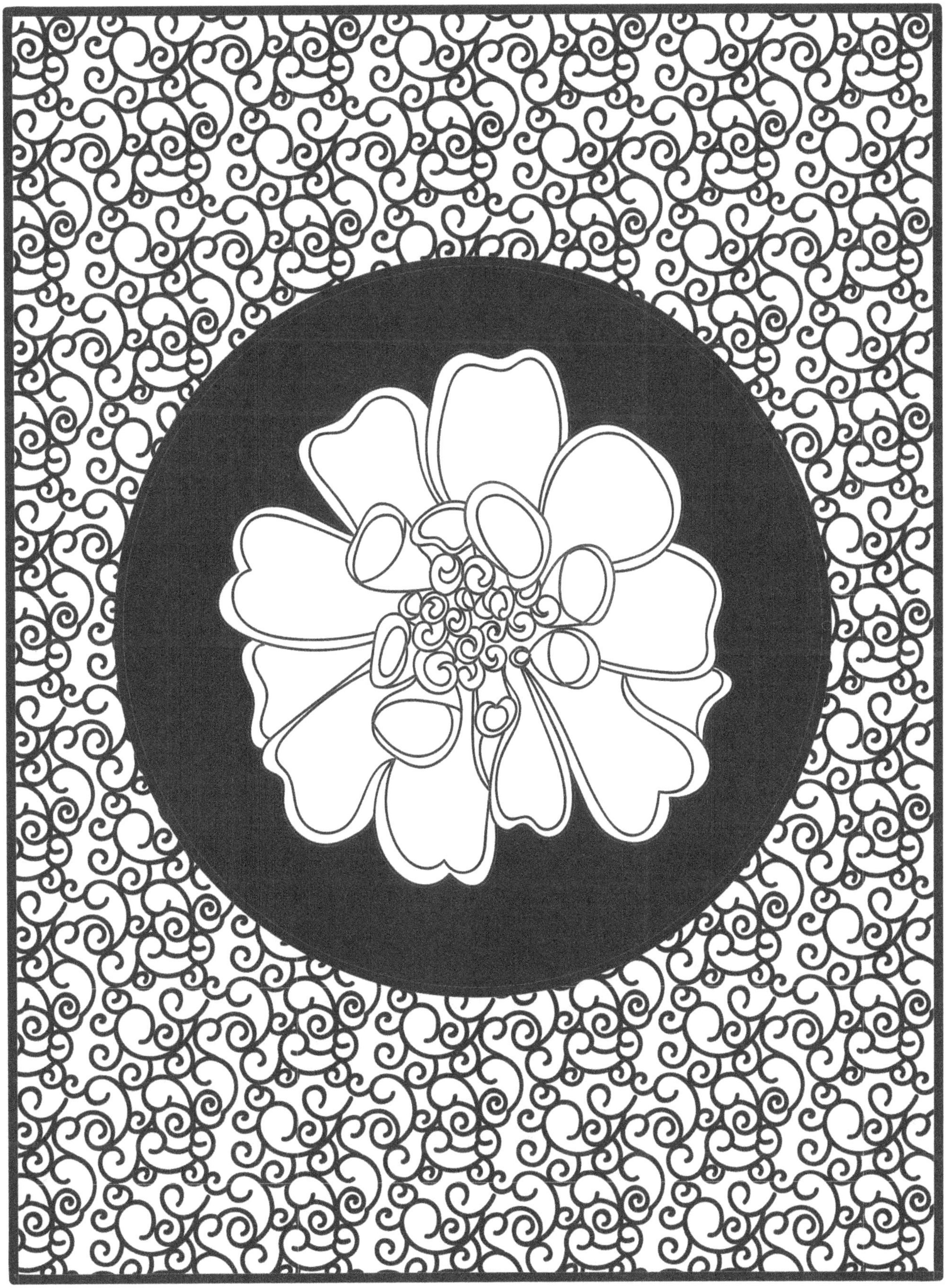

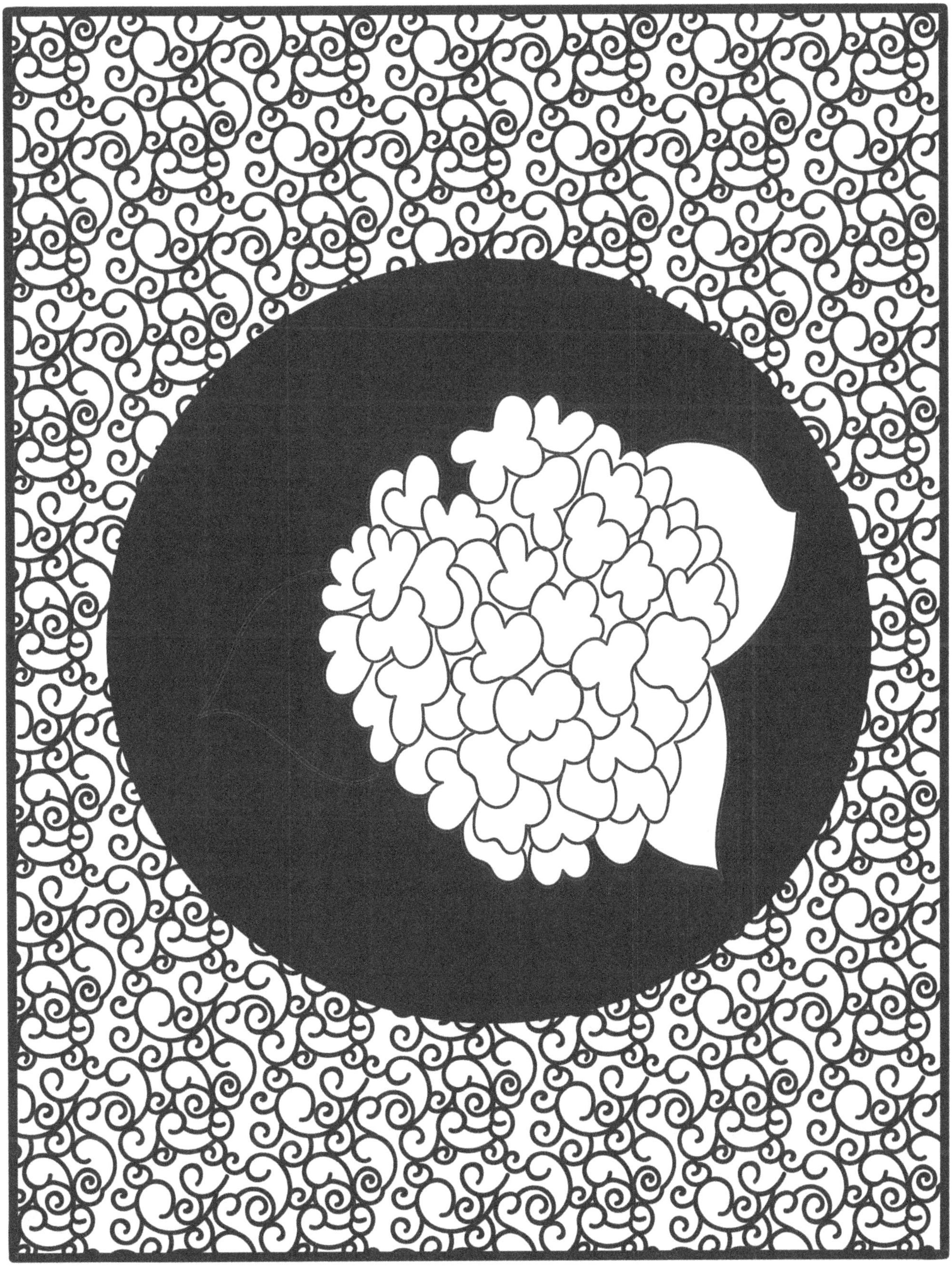

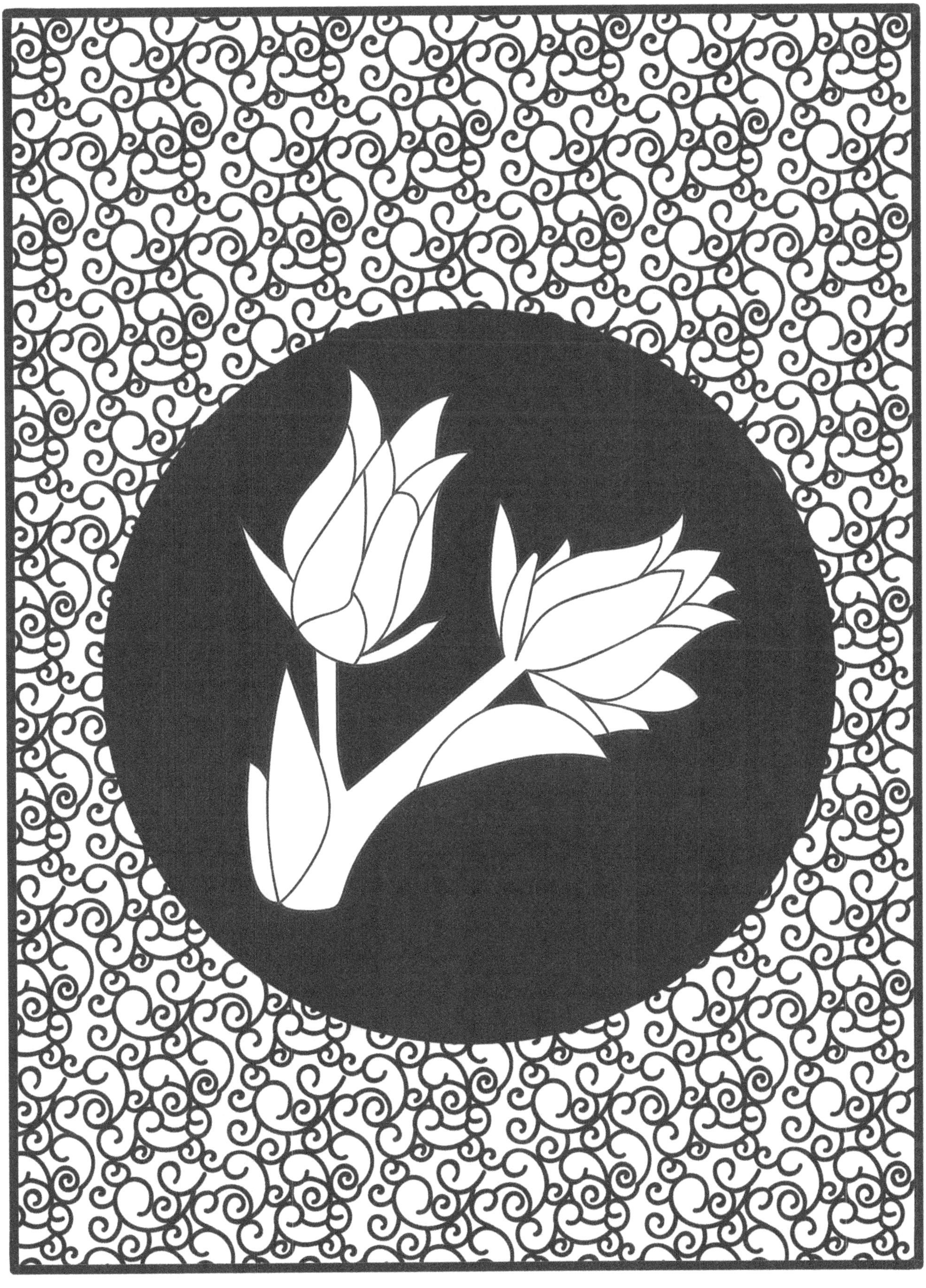

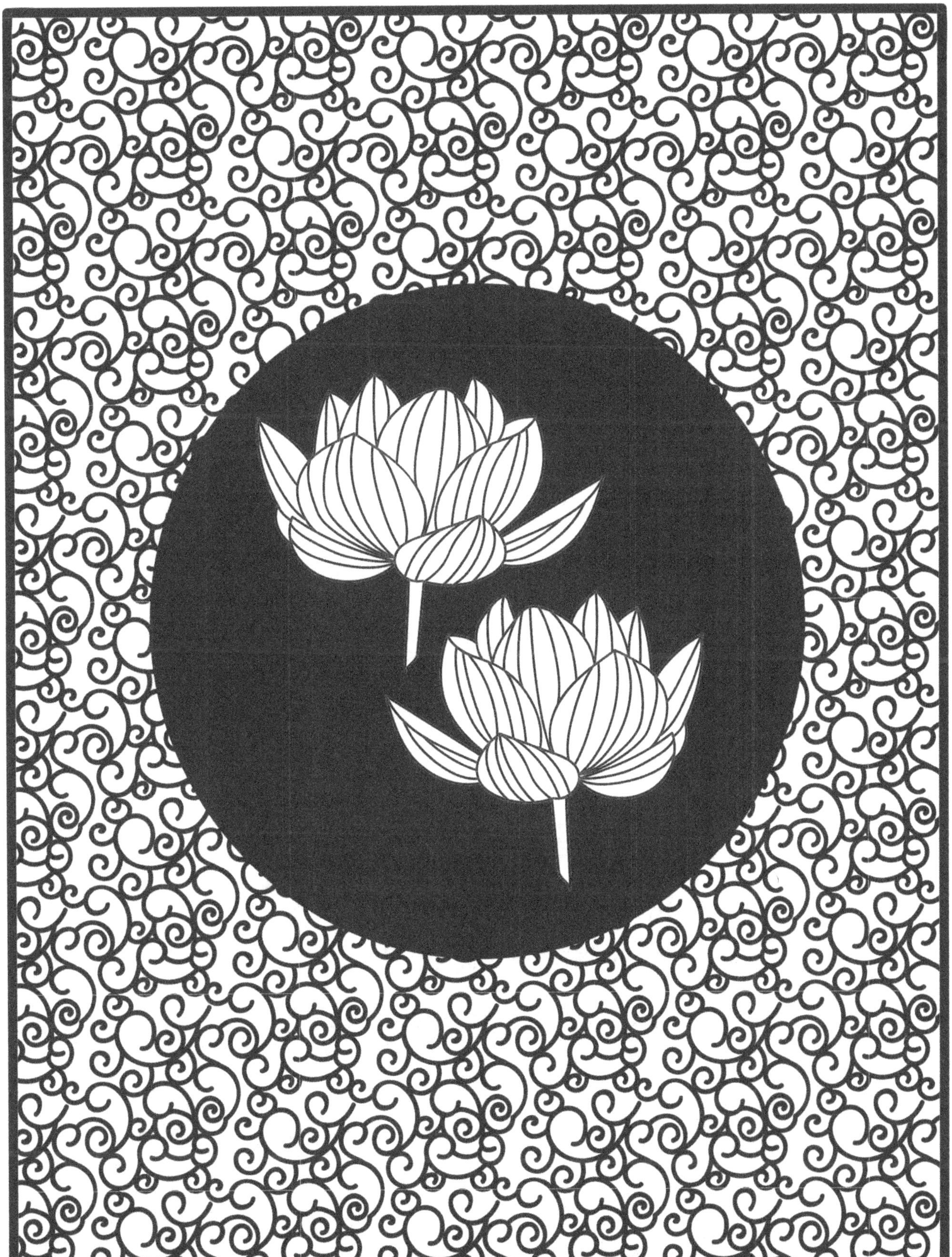

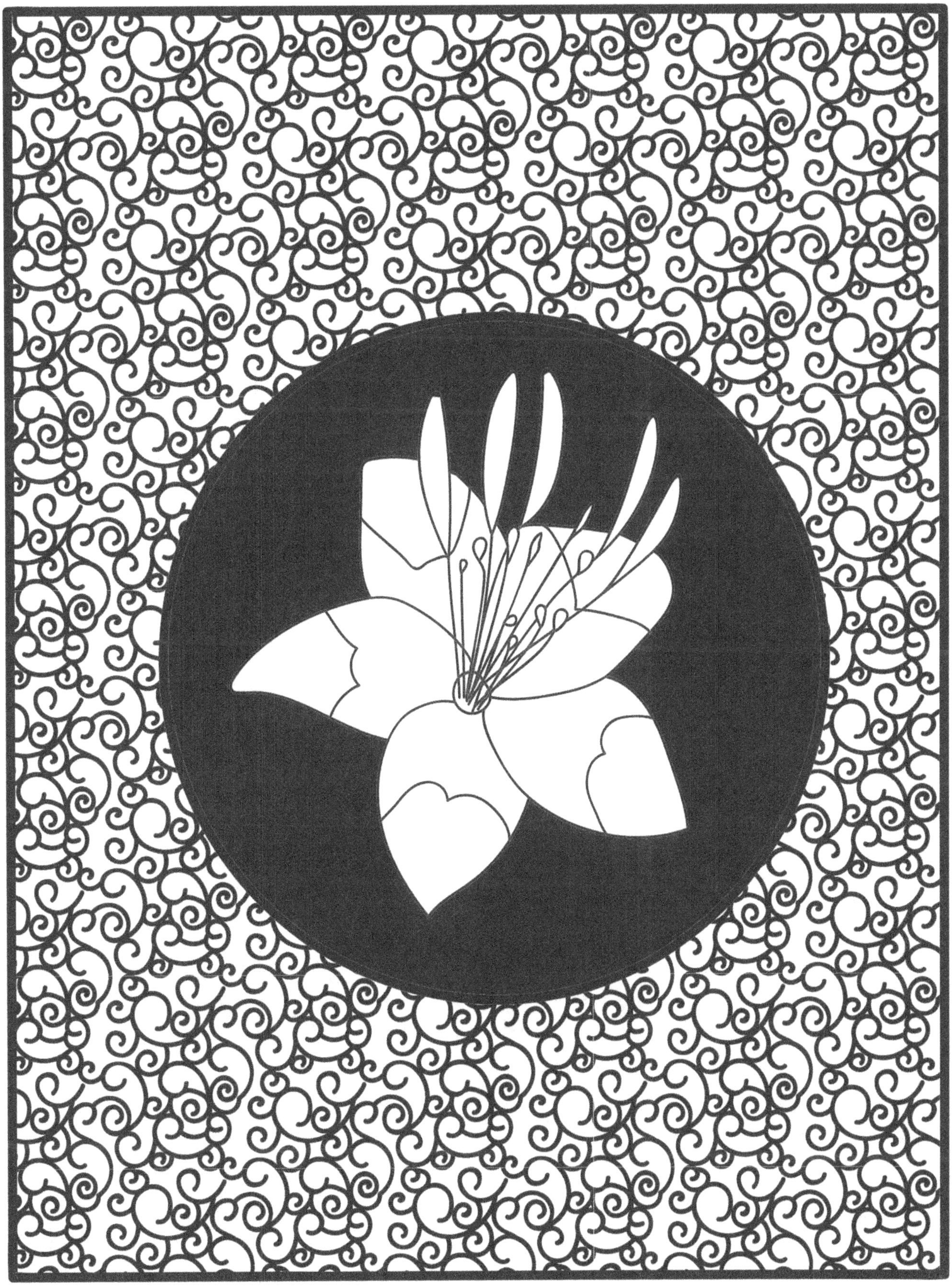

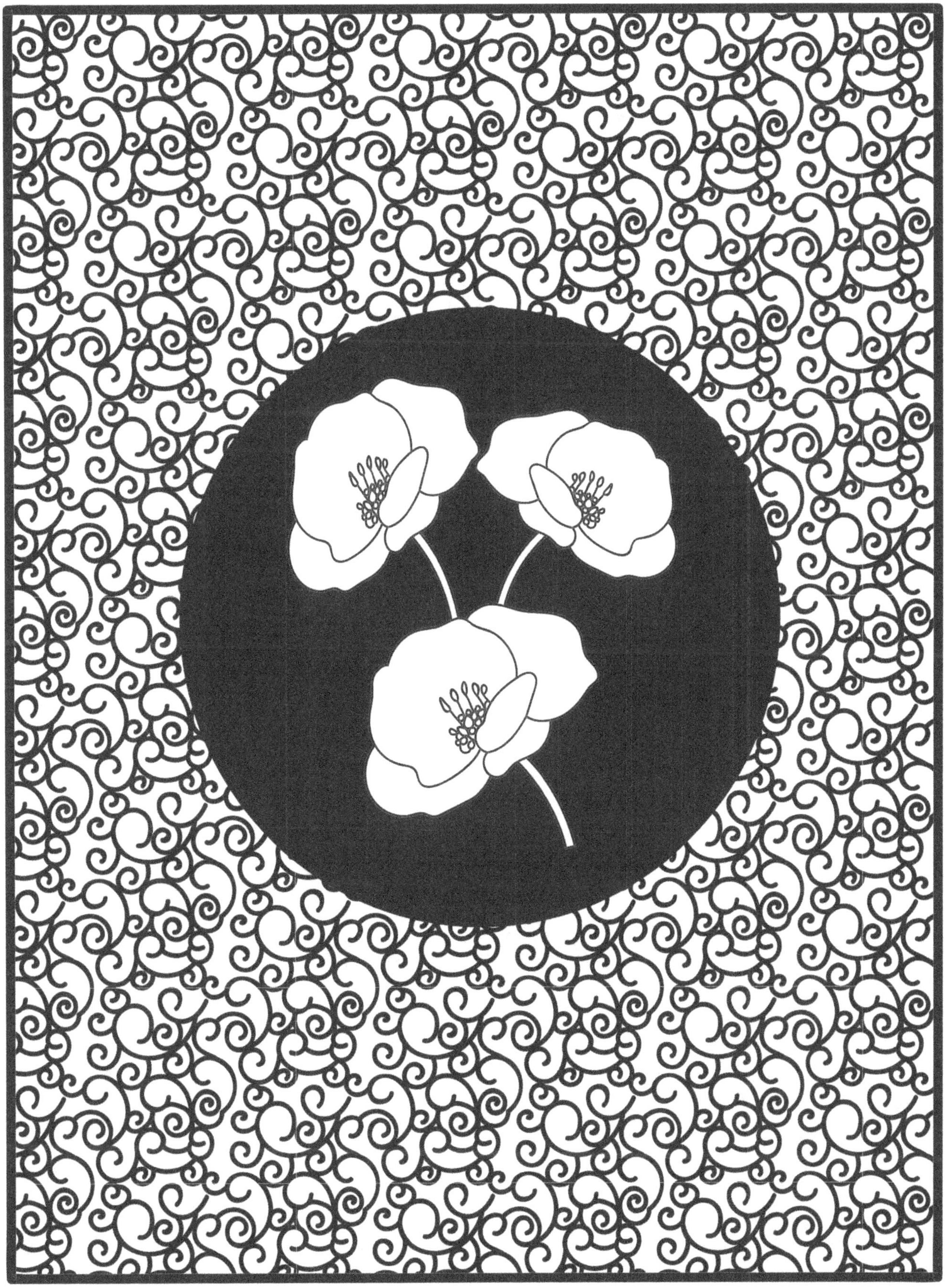

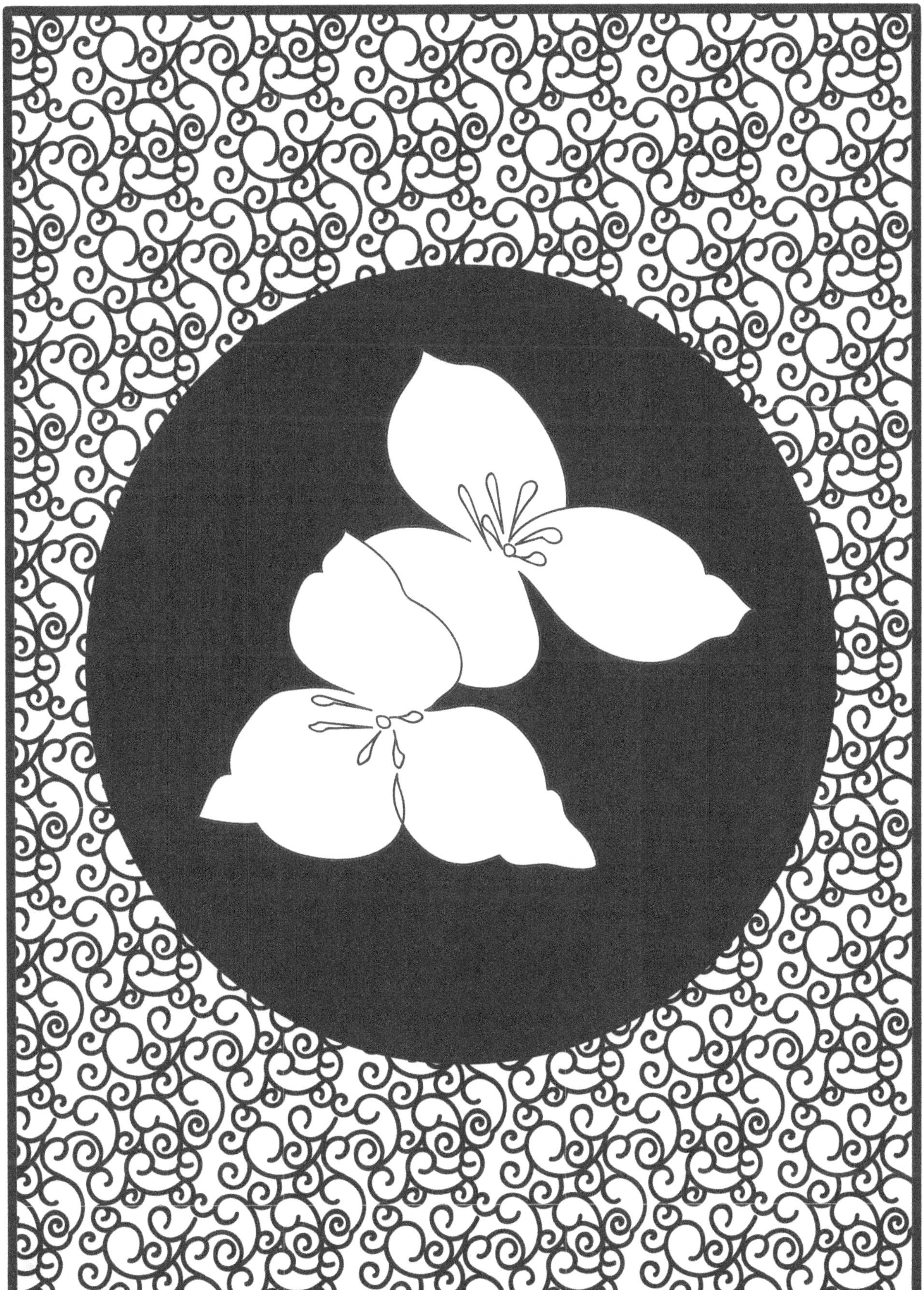

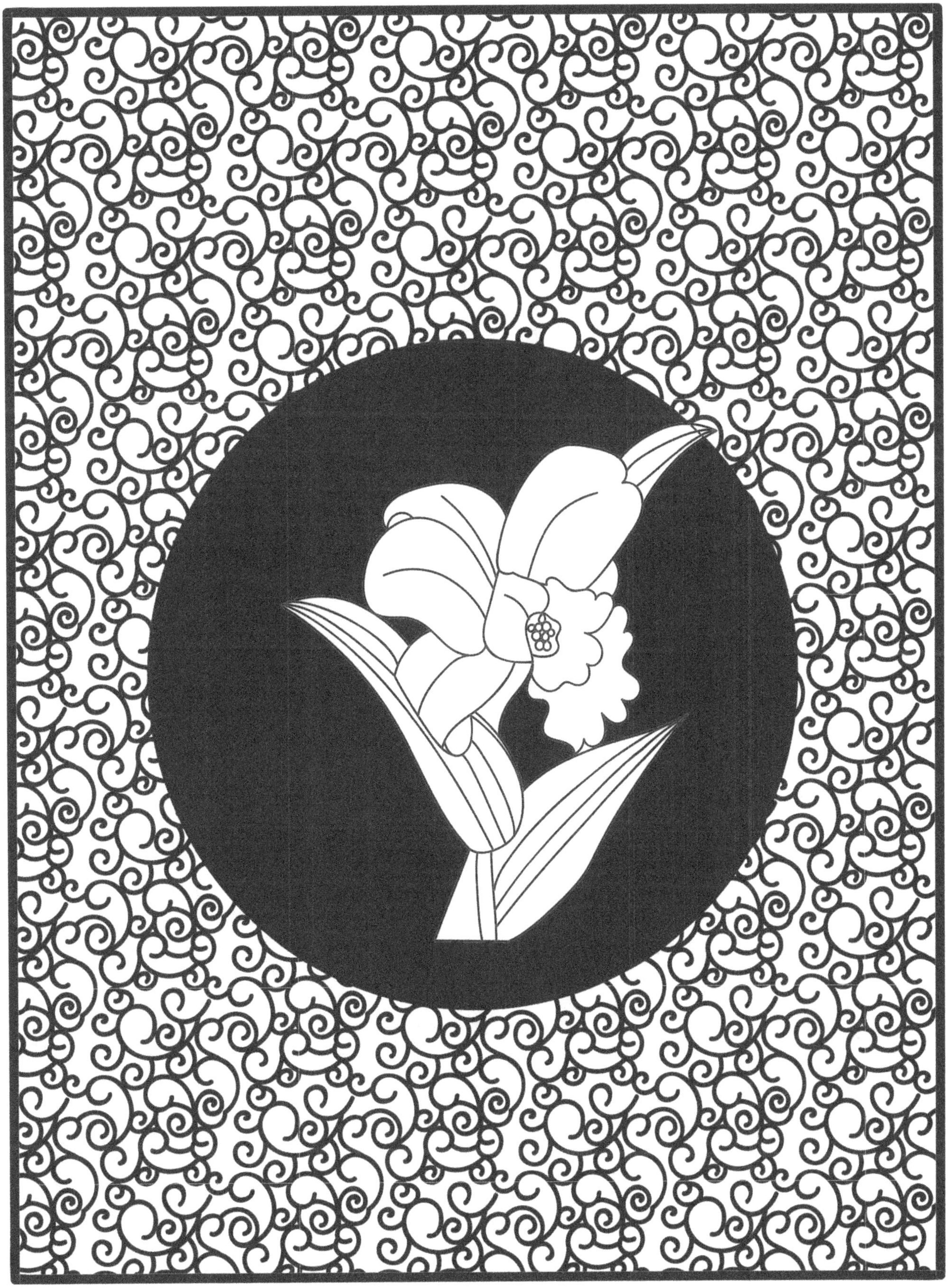

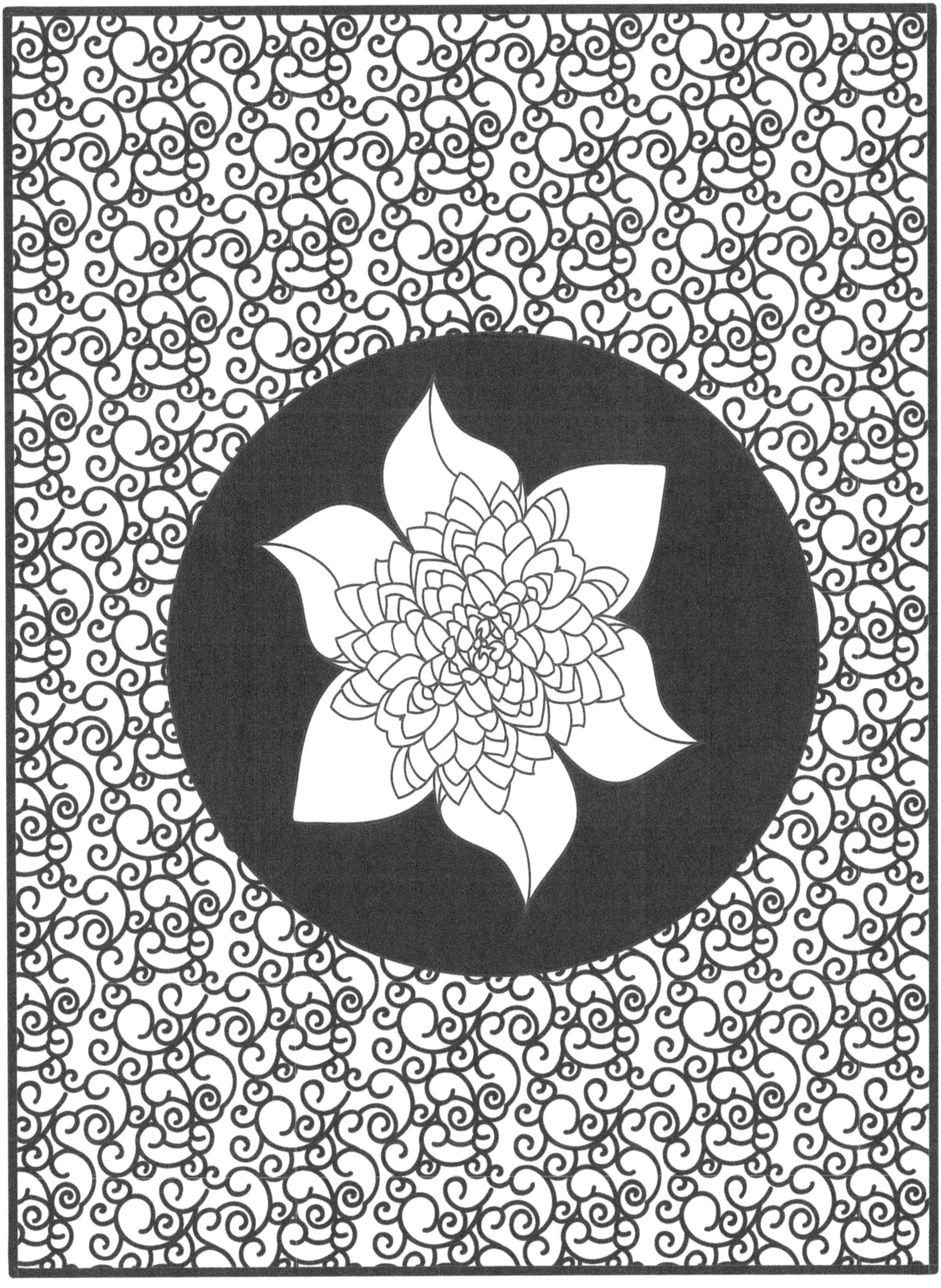

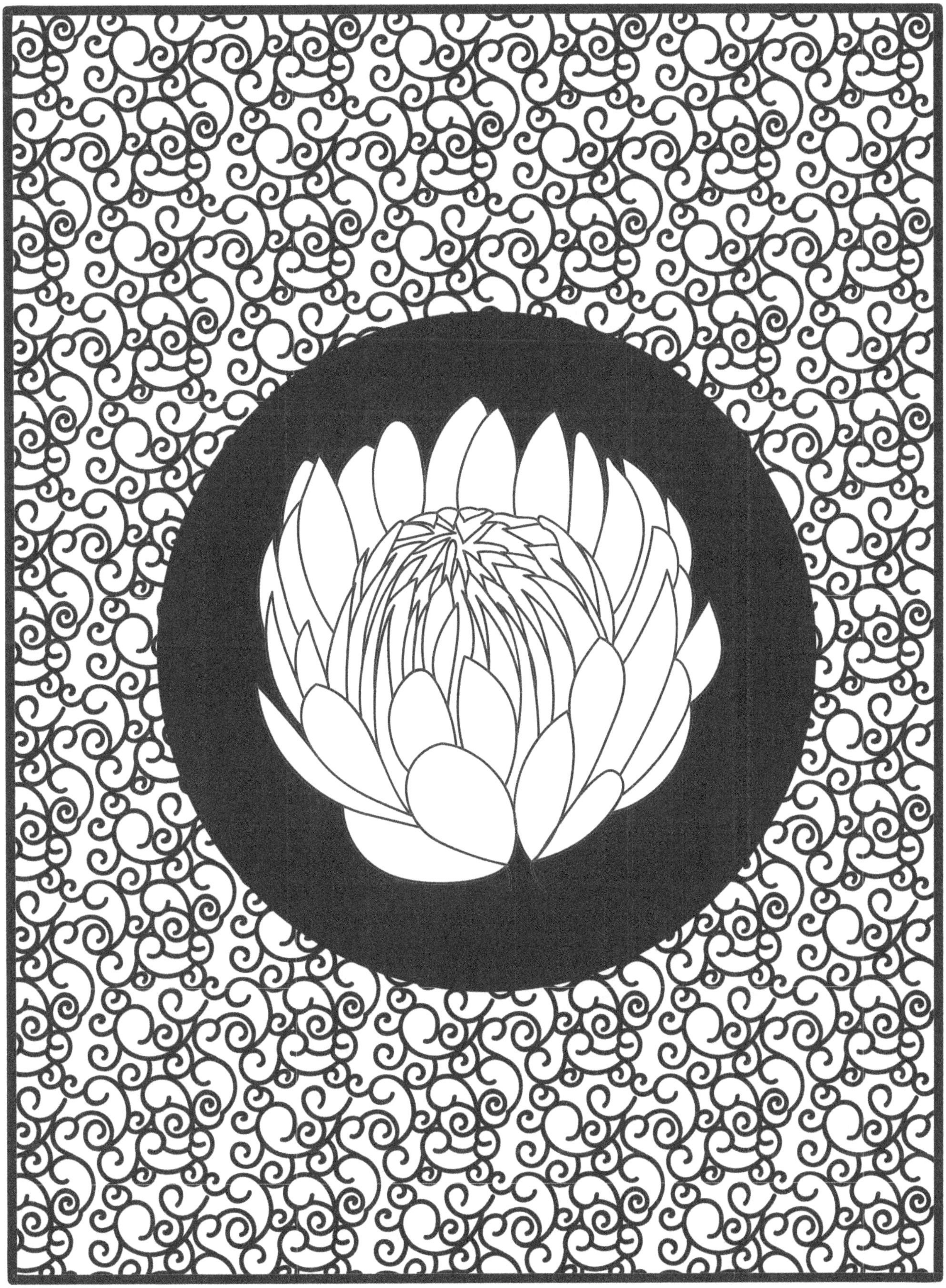

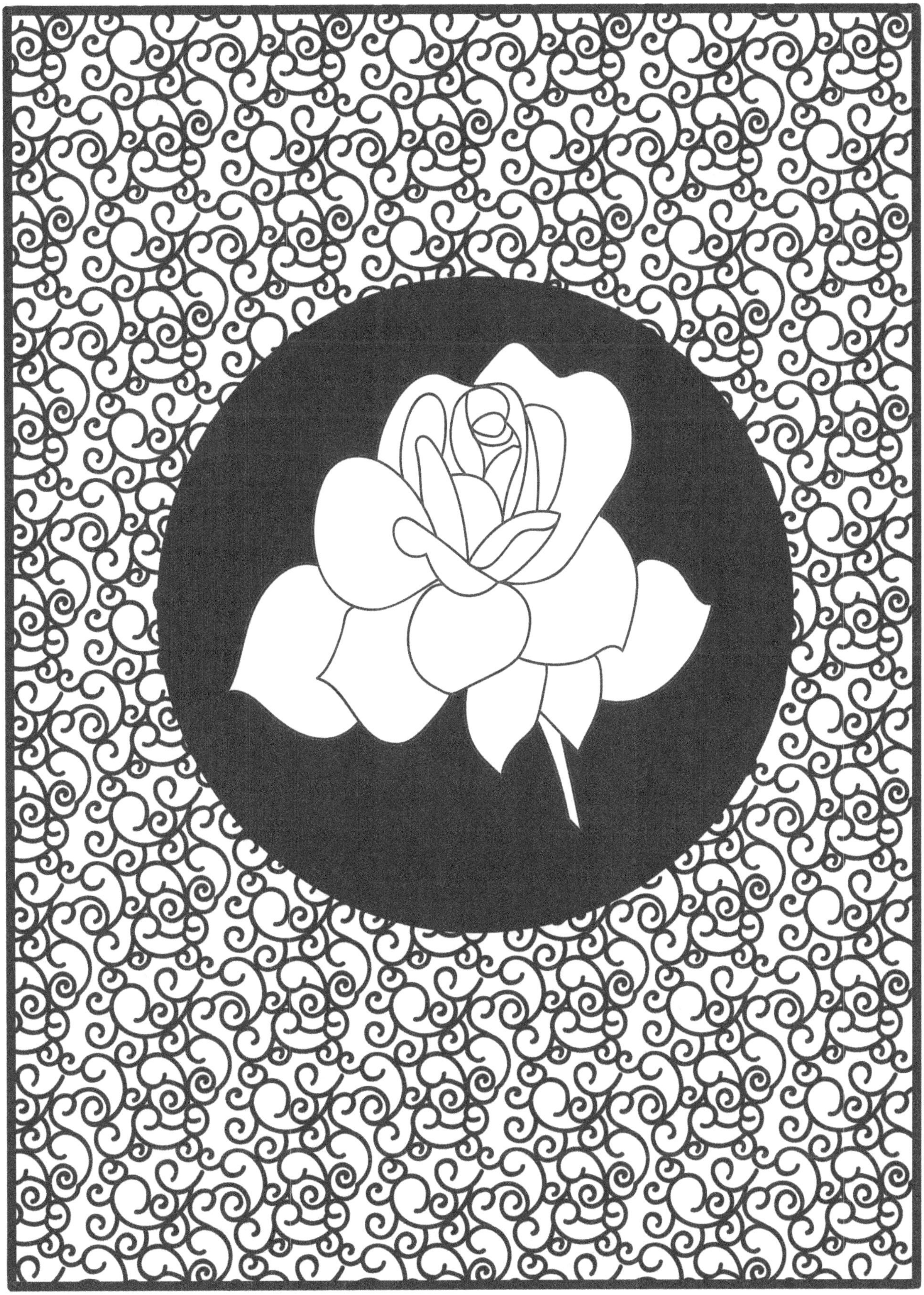

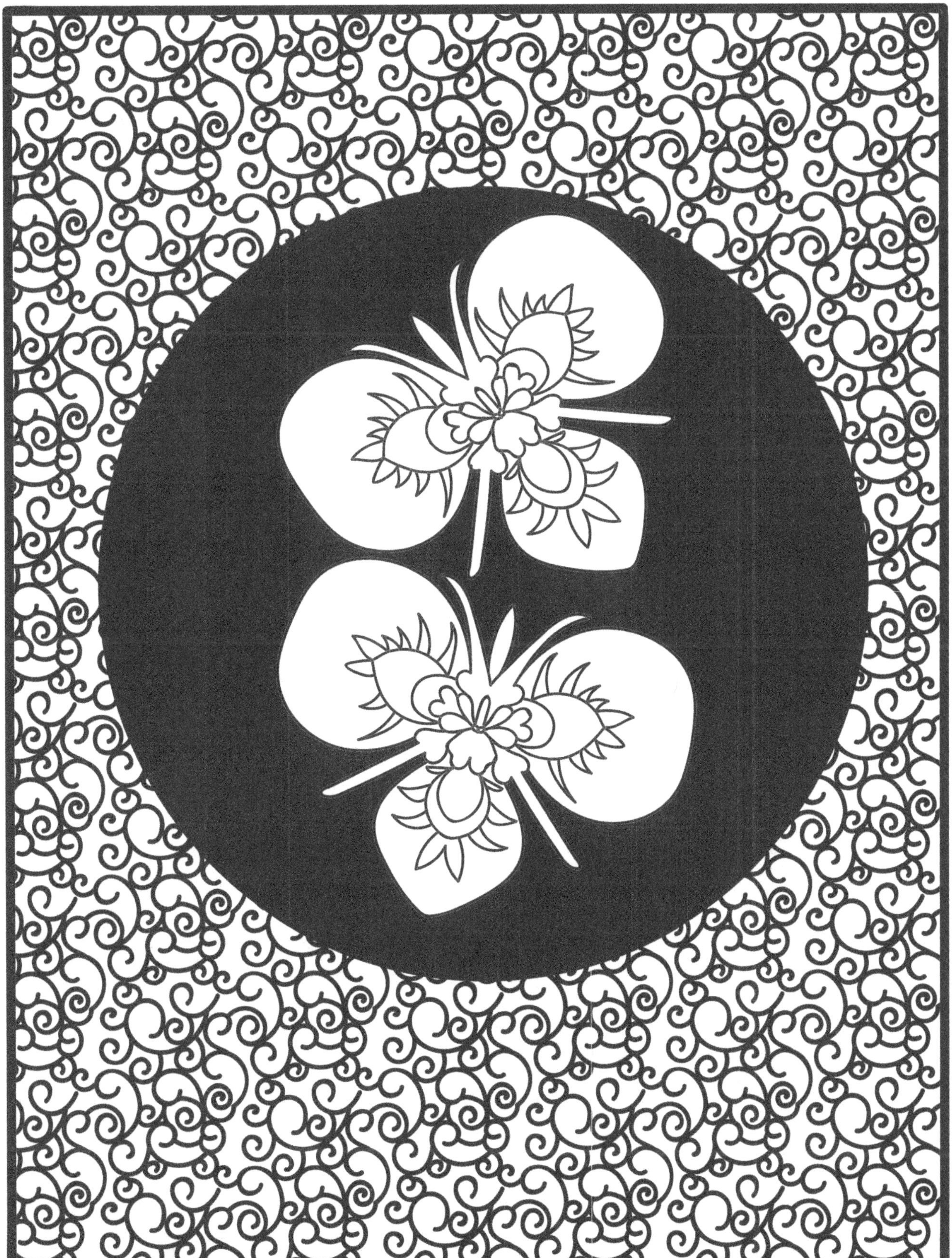

COLOR TEST PAGE

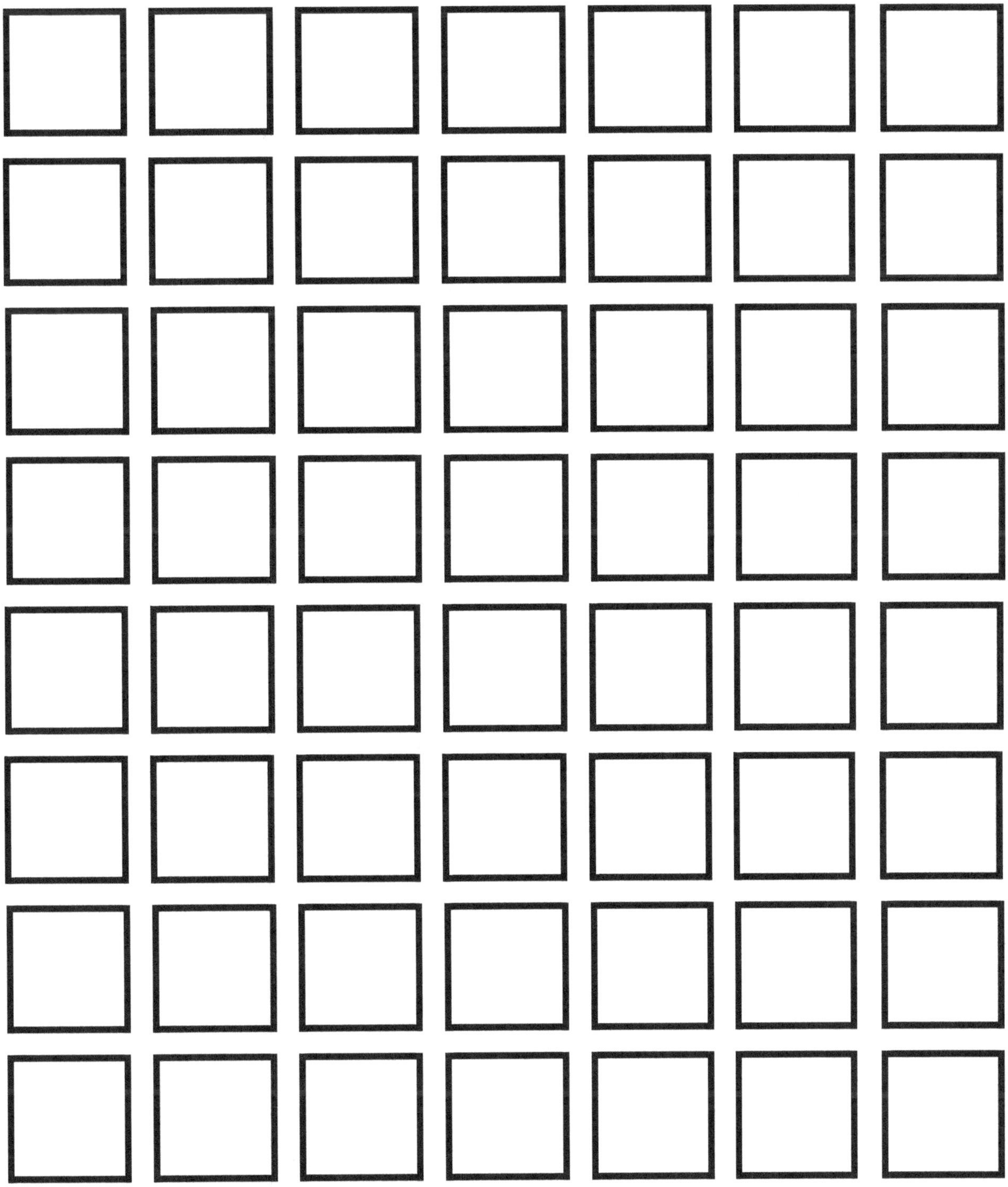

COLOR TEST PAGE

COLOR TEST PAGE

www.ingramcontent.com/pod-product-compliance
Lightning Source LLC
Chambersburg PA
CBHW081537220526
45467CB00010B/3225